Chen Kaige

Kinder des Drachen

Eine Jugend in der Kulturrevolution

Gustav
Kiepenheuer
Leipzig

Titel der Originalausgabe:
Chen Kaige, ›Shaonian Kaige‹, yuanliu chubanshe, Taipei 1991

Für die Transkription der chinesischen Namen und Termini wurde die Hanyu-Pinyin-Umschrift verwendet; Ausnahmen bilden der Personenname Chiang Kaishek sowie Ortsnamen und geographische Bezeichnungen wie Peking, Nanking, Taipei oder Sinkiang sowie der Begriff Kuomintang (KMT), die im internationalen Sprachgebrauch eingebürgert sind.

ISBN 3-378-00564-5

Erste Auflage
Gestaltung: Dietmar Kunz
Schrift: Sabon
Gesamtherstellung: Offizin Andersen Nexö Leipzig GmbH
Printed in Germany

Dieses Buch handelt von der ›Großen Proletarischen Kulturrevolution‹. Es handelt aber auch von mir selbst, denn ich war immer der Meinung, daß ein Großteil meiner Lebenserfahrung aus jener Zeit herrührt. Am wichtigsten ist sicherlich, daß ich damals viel über mich selbst erfahren habe. Wer sich selber kennt, der begreift auch mehr von der Welt – diese Einsicht wurde bestimmend für mein Leben. Obwohl die Kulturrevolution durch die offizielle Bezeichnung ›Zehnjährige Katastrophe‹ im Nachhinein beschönigt wurde, gab es auch kritische Darstellungen. Solange Menschen jedoch nur imstande sind, andere anzuklagen, ist diese ›Revolution‹ in Wirklichkeit noch immer nicht vorüber. Deshalb will ich nun, nachdem die anderen den Zeugenstand geräumt haben, selber hineinsteigen, um meinen Teil der Verantwortung zu übernehmen. Dies also ist mein Selbstbekenntnis. Daß ich dem Leben nicht eben gelassen gegenüberstehe, liegt wahrscheinlich am großen Einfluß, den die im Buch beschriebene Zeit bei mir hinterlassen hat. Leid tut es mir darum jedoch nicht.

Chen Kaige

Aus dem Chinesischen von
Stefan und Hu Chun Kramer
in Zusammenarbeit mit
Christiane Hammer

Erstes Kapitel
Das Paradies auf Erden

Im Jahre 1965 war ich dreizehn Jahre alt. Ich redete wie ein Wasserfall, doch vor geschwätzigen Leuten blieb ich stumm. Damals war ich wie alle Dreizehnjährigen von meiner Wichtigkeit überzeugt, ein Kinderglaube, den die Welt eigentlich noch großzügig verzeiht. In meiner Jugend jedoch war es keine Entschuldigung, erst dreizehn zu sein. Was man mit dreizehn Jahren erlebt hat, bleibt einem für immer in Erinnerung.

Zwei Ereignisse haben in jenem Sommer einen besonders tiefen Eindruck bei mir hinterlassen. Das eine war, daß ich im Spätsommer die Aufnahmeprüfung für die berühmteste Knaben-Mittelschule Pekings bestand. Als der Postbote eines Tages, einen weißen Briefumschlag in der Hand schwenkend, mit dem Rad auf dem Wege zu uns war, rannte ich ihm hinterher, das Kreischen der Elektrosäge aus dem Sägewerk, die öffentliche Latrine und ein Feld voller Schwanenblumen hinter mir lassend, bis ich ihn schließlich erschöpft vor unserem Haustor einholte. Ich bedankte mich überschwenglich, denn der Postbote personifizierte in meinen Augen das Glück, indem er mir die Nachricht überbrachte, auf die ich schon so lange gehofft hatte. Keiner von uns konnte damals freilich ahnen, daß ich vom ersten Schultag an gerechnet insgesamt nur zehn Monate auf dieser Schule verbringen würde.

Weniger fröhlich war das andere Ereignis, das sich vor dem verfallenen Eckhaus in einer kleinen Gasse abspielte. Als ich dort vorüberkam, drängelte sich eine Kinderschar vor dem Fenster. Neugierig gesellte ich mich zu der Gruppe, um festzustellen, was es drinnen zu sehen gab. Der Helligkeitskontrast war ziemlich stark, und so konnte ich zunächst nicht erkennen, daß in dem Raum ein alter Mann saß. Doch dann entdeckte ich den Mann, der in einem zerrissenen, früher wohl mal daunenweißen Wintermantel auf dem Boden kauerte und einen Sack mit Altpapier umklammerte. Überall war Papier verstreut, und ein aus Eisendraht zusammengebastelter Rechen mit einem abgegriffenen Holzstiel lag achtlos auf dem Boden. Wie zwei Kultgegenstände waren eine ebenso abgegriffene Reisschüssel und ein rostiger Kochtopf auf dem hölzernen Bettgestell angeordnet. Eine Fliege summte laut. Da bekam ich eine Ahnung von Dingen, mit denen ich in meiner Erziehung bisher nicht konfrontiert worden war, und anderes erschien mir ganz fremd. Ich wußte nicht mehr, ob Reden oder Schweigen hier die angemessene Reaktion war. Als der alte Mann seinen Kopf hob, traf uns ein messerscharfer Blick aus leuchtend hellen Augen, und wir Kinder stoben johlend auseinander. Erst viele Jahre später habe ich aus dem Buch eines Freundes erfahren, daß nur Menschen kurz vor dem Hungertod derart leuchtende Augen haben. Als ich später noch einmal an der Stelle vorüberkam, stand das Haus schon nicht mehr, und der alte Mann war sicher schon lange tot. Damals bestand die Volksrepublik China seit sechzehn Jahren.

Eigentlich ist der Anblick eines Verhungernden auch heute noch vielerorts eine Alltäglichkeit. Doch das Synonym für das ›Neue China‹ lautete: »Alle Menschen haben ein reiches und glückliches Leben!« Daran glaubte ich. Wie hätte ich auch an der Wahrheit einer Phrase zweifeln können, mit der ich aufgewachsen und die ein Teil meiner selbst geworden war? Dazu hätte ich den Mut zur Selbstverleugnung benötigt. Ich war zwar sehr bestürzt, als ich durch das Fenster schaute, aber mir fiel nichts ein, was ich für den alten Mann hätte tun können oder müssen. Diese Untätigkeit hat mich im Nachhinein noch viel mehr bestürzt. Damals bin ich nur eines von vielen Kindern gewesen, die beim Anblick seiner Augen auseinandergestoben sind, ich war nur ein Zuschauer. Später habe ich noch viel Schreckliches gesehen, doch dieses helle Augenpaar brennt mir noch heute im Rücken.

Für China war 1965 ein bedeutendes Jahr. Man hatte soeben eine Schwelle überschritten und machte sich nun daran, den Fuß über die nächste zu setzen. Dazwischen lag ein Stück Helligkeit, das jedoch nur wie ein Tor vor der nächsten Dunkelheit erschien.

Im Sommer jenes Jahres lag der Preis für Tomaten auf den staatlichen Märkten nur noch bei einem Fen pro Pfund. Nach einem Gewitter fiel er sogar auf nur einen Jiao für einen Haufen, zu dessen Abtransport man vier oder fünf Kinder benötigte. Für nur acht Yuan konnte man sich in den Gemeinschaftsküchen einen ganzen Monat lang satt essen. Ein Monatseinkommen von dreißig Yuan galt schon als außergewöhnlich hoch, der Besitz einer Uhr symbolisierte damals unermeßlichen Reichtum, und als Statussymbol galt der Besitz eines Fahrrades der Shanghaier Marke ›Ewigkeit – Modell 13‹. Das Objekt der Begierde von Jungen, die wie ich begeistert Sport trieben, war ein ebenfalls in Shanghai hergestelltes Paar Sportschuhe der Marke ›Rückstoßkraft‹, das zehn Yuan kostete. Im Sommer 1965 bekam ich zum ersten Mal ein solches Paar, und zwar von meiner Mutter als Belohnung für die bestandene Aufnahmeprüfung an der Mittelschule Nr. 4. Später habe ich diese Schuhe immer wieder mit Kreide weiß gefärbt, denn ich wußte, daß bei einem staatlich festgesetzten Preis von einem Jiao acht Fen für ein Pfund Mehl nicht jedes Kind solche Schuhe haben konnte. Die Bauern waren vermutlich nicht sehr glücklich darüber, nur einen Fen für ihre Tomaten zu bekommen und einen Jiao acht Fen für Mehl bezahlen zu müssen, denn es kostet mindestens vier Monate Arbeit, bis die Tomaten reif sind. So in etwa muß man sich die Einkommensverhältnisse der Bauern vorstellen. Aber das war noch nicht das Schlimmste.

Ich war noch zu klein und kann mich nicht in allen Einzelheiten an die Hungersnot der Jahre 1960–1962 erinnern, als der Hunger, der schon lange im Verborgenen gelauert hatte, plötzlich ausbrach und die Lebensmittelrationen der Schwerarbeiter in den Städten laut Anordnung auf vierzehn Kilogramm pro Monat beschränkt wurden, die der Kinder sogar nur auf sechs bis neun Kilo. Sehr genau erinnere ich mich allerdings, wie ich damals oft in der Nähe des Marktes die Straße nach Kohlstrünken und Blättern absuchte, die ich dann zerkleinerte und mit Kartoffelmehl zu Gemüserollen formte. Gegessen habe ich die Dinger mit beiden Händen, damit nur ja nichts herunterfiel. In der Schule gab es Kinder, die darauf hofften, in der Pause fünf ausgebackene, duftende Sojabohnen zu ergattern. Die hielten sie dann so lange in der Hand, bis ihnen der Schweiß ausbrach und sie eine nach der anderen salzten und verschlangen. Gegen Hungerödeme an den Beinen half das allerdings nicht.

Wie die Feuerwerkskörper zum Frühlingsfest liebten und fürchteten wir Märchenerzählungen, denn darin war andauernd von Leckereien die Rede. In den seltenen

Fällen, in denen es zu Hause Nudeln gab, wurde selbst innerhalb der Familie vor der Zubereitung zunächst das Mehl für jede einzelne Portion ausgewogen. In den großen Lebensmittelgeschäften war es ein Leichtes, Diebe mit aufgedunsenen Bäuchen als Hungerleichen dingfest zu machen. Bewaffnete Trupps aus Peking brachten aus der Inneren Mongolei Gazellen mit, deren bluttriefendes Fleisch an zahllose Familien verteilt wurde. Ich finde es heute widerlich, doch damals war es eine Delikatesse. Wenigstens wohnten wir in der Hauptstadt, wo es zumindest noch Gazellenfleisch gab.

Eine Freundin, die seit zwölf Jahren in den USA lebt, schilderte mir einmal ihre Erlebnisse, als sie seinerzeit in ein Dorf in der Provinz Henan abkommandiert war. Schon zu schwach, um sich noch von ihrem Lager erheben zu können, heftete sie ihren Blick auf einen am Dachbalken aufgehängten Korb, in dem die Gastfamilie ihre letzten Dampfbrote aufbewahrte. Das Mädchen überlebte nur, weil ihre Eltern sie rechtzeitig nach Peking zurückholen konnten. Jetzt braucht sie nur das Klappern von Geschirr zu hören, schon bricht sie in Tränen aus. Gerade in Henan kehrte die Volksmiliz mit Handbesen noch die letzten Getreidekörner aus den Speichern, um das Plansoll für die Warenablieferung zu erfüllen, und errichtete Blockaden, damit die Landbevölkerung nicht zum Betteln ausbrechen konnte. So ernährten sich die Bauern zunächst von Baumrinden und Graswurzeln, schließlich aßen sie sogar Erde und krepierten zu Dutzenden auf ihren Feldern oder auf den Dorfstraßen. In dieser dreitausendjährigen ›Provinz der Kultur und des Reichtums‹ im Inneren Chinas wurden ganze Landstriche entvölkert. Als man später diese Gebiete absuchte, fand man in den Kochtöpfen auch Säuglingsknochen. Wenn überhaupt, wurden solche Funde in den offiziellen Dokumenten nur am Rande unter der Bezeichnung ›unnatürlicher Tod‹ vermerkt. Innerhalb weniger Jahre starben jedoch zwanzig bis dreißig Millionen Menschen dieses ›unnatürlichen Todes‹ – eine Zahl, die fast der Einwohnerzahl des fünften Kontinents entspricht. Sie verschwanden einfach von der Erdoberfläche, ohne daß wir die geringste Ahnung davon hatten. Diejenigen aber, die Bescheid wußten, schwiegen darüber. Warum? Niemand gibt eine Antwort auf diese Frage. Wer trägt die Verantwortung? Auch diese Frage bleibt unbeantwortet. Es hieß nur: »Wir haben eine Naturkatastrophe erlebt.« und: »Die Sowjetunion ist wortbrüchig geworden.«

Nach dem Tode Stalins hatte ein ideologischer Kampf zwischen der Sowjetunion und der Volksrepublik China eingesetzt, der die Beziehungen beider Staaten auf den Nullpunkt brachte. 1959 zog die UdSSR ihre wissenschaftlichen Berater ab und stoppte alle Entwicklungshilfeprogramme. China mußte seine im Koreakrieg aufgenommenen Kredite mit Agrarprodukten zurückzahlen, die eigentlich zur Versorgung der eigenen Bevölkerung notwendig gewesen wären, was angeblich ein wesentlicher Faktor beim Ausbruch der Hungersnöte war. Doch wenn dies wirklich der Fall gewesen ist, warum hat Mao Zedong dann nicht auf eine Beendigung des Ideologiestreits hingewirkt, um so den Hungertod von Millionen seiner Landsleute zu verhindern? Angesichts solcher Zahlen, die die Einwohnerzahl mancher Nationen übersteigen, hätte Pragmatismus wie 1972 bei der Aufnahme diplomatischer Beziehungen zu den USA das Tabu der KPCh in humanitären Fragen überwinden müssen. In Wahrheit jedoch war die Hungersnot größtenteils Menschenwerk. Der Konflikt mit der Sowjetunion glich einem Schneemann, der an einem sonnigen Tag mit Regenschirm spazierengeht und in ein Gewitter gerät: er bleibt nicht nur unverdächtig mit seinem Schirm, sondern hat auch noch gute Gründe für sein Schmelzen – ein Unwetter zur rechten Zeit also.

Der wirkliche Grund für die große Hungersnot im ganzen Land Anfang der sechziger Jahre ist in jenem ›Großen Sprung nach vorn‹ zu suchen, mit dem Mao 1958 seinen Traum vom ›Paradies auf Erden‹ verwirklichen wollte. Nach diesem ersten Akt blieb der Vorhang noch immer geöffnet, doch die Schauspieler sind zeitweilig von der Bühne abgetreten; fast dreißig Millionen Menschen mußten ihr Leben für dieses kurze Intermezzo lassen.

Aber das Volk klagte kaum, weniger aus Unwissenheit als aus ungebrochenem Vertrauen in das System. Und selbst wenn es die ganze Wahrheit gewußt hätte, würde es den Machthabern wohl dennoch vergeben haben (wobei ›Vergebung‹ vielleicht nicht ganz das richtige Wort ist, benutzt man es doch eigentlich gegenüber Schwächeren). Weil Hungersnöte in Agrarländern wie China nichts Außergewöhnliches sind, kennt auch die jüngere chinesische Geschichte viele derartige Katastrophen. Außerdem genoß das Volk im Streit zwischen Mao Zedong und der Sowjetunion, daß die bedeutende Aufgabe, die reine Lehre des westlichen Marxismus zu bewahren, ausgerechnet der Nation mit den seit Jahrtausenden bewahrten Traditionen zufiel. Was von außen gesehen unverständlich erscheinen mag, wird logisch angesichts der in beiden Fällen zugrundeliegenden Halsstarrigkeit in moralischen Fragen. Wut und Schmerz, die aus dem Traum vergangener Größe und einem Jahrhundert der Fremdbestimmung gespeist wurden, erzeugten plötzlich eine ungeheure Energie, ganz im Sinne von Maos Wort »Wandelt Geist in Materie!« Isoliert von aller Welt glaubte man, allein aus eigenen Kräften ein völlig neues und wunderbares Gemälde auf ein weißes Blatt bannen zu können. So wurden die Komplexe einer in ihrem Stolz verletzten Nation ausgenutzt.

Beispielsweise begann 1959 ein ehemaliger General, der im Krieg gegen die Japaner bereits einen Arm verloren hatte, mit bunt aus allen Landesteilen zusammengewürfelten Bohrtrupps auf der Hochebene im unwirtlichen Nordosten des Landes mit der Erschließung eines Ölfeldes. Die Arbeiter hausten in Lehmhütten, ernährten sich von kärglichen Rationen und gingen ihre Arbeit nach kommunistischem Muster an: »Allein mit der Kraft der arbeitenden Bevölkerung und unter Ausnutzung ihrer Ideale und Prinzipien«. So sprang der Arbeiter Wang Jingxi an einem eisigen Wintertag in den brusttiefen Bohrschlamm, um ihn mit dem eigenen Körper aufzuwühlen. Dank dieses ›Eisenmanns‹, der gegen den Nordwind mit dem Lied »Ein Ruf der Ölarbeiter genügt, und die Erde erbebt drei Mal« ansang, erreichte der Bohrtrupp eine sagenhafte Fördermenge. Schließlich konnten die mit Öl gefüllten Tankzüge aus jenem damals völlig unbekannten Ort, der sich heute Daqing (›Die Große Feier‹) nennt, in alle Landesteile hinausfahren. Die Verbreitung solch patriotischer Nachrichten sorgte immer wieder für Ermutigung in der Bevölkerung.

Zur selben Zeit begann ein Bauer namens Chen Yonggui, später dann sogar Mitglied des Politbüros, nach dem gleichen Prinzip und mit vorsintflutlichen Eisenhakken Terrassenfelder im gebirgigen Nordwesten Chinas anzulegen. Diese immense Arbeit läßt erahnen, wie der Bau der Großen Mauer durchgeführt worden sein mag. Trotz der widrigen Bedingungen auf dem Hochplateau brachte man reiche Ernten ein. Hier wurde dann die Volkskommune Dazhai (›Das Große Dorf‹) gegründet, die für die Landwirtschaft in den gebirgigen Provinzen des Nordens eine große Herausforderung darstellte, denn sie mußte sich mit diesem insgeheim hochsubventionierten Musterdorf messen. Doch der Name Chen Yonggui war damals zweifellos ein lautstarker Appell an die halbverhungerten Bauern.

Im Jahre 1962 brach ein offener Konflikt zwischen China und Indien um die Grenze im Himalaya aus, gleichzeitig schlug die Volksbefreiungsarmee an der Südküste Truppenverbände Chiang Kaisheks zurück, die von Taiwan aus in die Volksrepublik einzudringen versuchten, woraufhin man erneut die ›Befreiung‹ Taiwans gelobte. 1964, fast zeitgleich mit dem Rücktritt des sowjetischen KP-Generalsekretärs Chruschtschow, zündete die Volksrepublik ihre erste Wasserstoffbombe im menschenleeren Nordwesten. Erstmals bekamen die zur Zeit der Gründung der VR geborenen Jugendlichen Zeitungs-Extraausgaben zu sehen und Menschen, die noch ausgelassener waren als an Feiertagen.

All diese Erfolge waren ein Ergebnis der Massenkampagnen. Parolen wie »Mobilisiert die Massen, ruft Massenbewegungen aus!« tauchten immer öfter in der Propaganda auf. Zu verdanken war dies einzig dem Großen Steuermann Mao Zedong, der sich des strategischen Geschicks von Marschall Lin Biao bedient hatte. Mao wurde nun »der größte Marxist der Gegenwart« genannt, »ein Mann, wie ihn die Welt nur alle fünfhundert Jahre sieht«, dessen Gedanken »wie Berggipfel« hervorragen. In der Tat erlebte die chinesische Wirtschaft eine leichte Erholung, und bis heute erinnern sich die Leute an die damalige Warenvielfalt und die niedrigen Preise. Ein Dokumentarfilm aus dem Jahre 1965 über den Jahrestag der Staatsgründung beginnt, noch bevor Mao Zedong im Bild erscheint, mit einem Kameraschwenk über den Tiananmen-Platz bis zum Tor des Himmlischen Friedens: Millionen Menschen tummeln sich auf dem Platz, doch hört man deutlich die acht roten Fahnen auf dem Tor im Winde knattern – ein Symbol für die Ehrfurcht vor dem Erscheinen Gottes auf Erden. Gleichzeitig mit dem Ehrensalut erklingt dann das Lied »Der Osten ist rot«, und in der Abenddämmerung marschiert eine Gruppe fahnenschwingender Menschen aus der ›Westlichen Vorstadtgasse‹ im früheren Botschaftsviertel auf den Platz des Himmlischen Friedens zu. Den Abschluß bildet ein großes Feuerwerk – eine Szene aus einer glanzvollen Epoche, die Mao selber so beschrieben hat: »Nie zuvor ist das chinesische Volk in derartige Begeisterung geraten wie an jenem Tag. Nie zuvor konnte ich an ihm eine so große Kampfbereitschaft entdecken.«

Das politische Ideal Mao Zedongs hatte für Pläne, einen stabilen und blühenden Staat aufzubauen, nur Verachtung übrig. 1965 wurde er in einem revolutionären Lied zitiert, das den Schlager »Die schöne Jasminblüte« aus den fünfziger Jahren ersetzte: »Wir wandern auf einer breiten Straße, unser Kampfeswille ist immens, durch Disteln und Dornen führt der Vorsitzende Mao die Truppen der Revolution ans Ziel.« Doch wohin führte dieser Weg? Was erwartete die Menschen an seinem Ende? Keiner wußte es.

Im Sommer 1952 wurde ich in eine Cineastenfamilie hineingeboren. Beide Eltern hatten nach dem sino-japanischen Krieg an der Staatlichen Hochschule für bildende Künste in Nanking studiert. Mein Vater war anfänglich Dozent und wurde dann Regisseur, Mutter arbeitete zunächst im Zentralen Filmbüro und später als Lektorin für Drehbücher. Weil sie an den Studentenprotesten gegen die nationalistische Kuomintang-Regierung teilgenommen hatten und auf deren Fahndungslisten geraten waren, mußten sie Nanking verlassen und kamen schließlich in den Norden, wo sie sich unter großen Entbehrungen an der kommunistischen Revolution beteiligten. Als Mao Zedong am 1. Oktober 1949 auf dem Tor des Himmlischen Friedens die Gründung der Volksrepublik ausrief, waren sie unter der jubelnden Menge auf dem Platz.

Mutter stammte aus einer wohlhabenden Familie, die während der japanischen Invasion verarmte. Trotzdem konnte sie eine amerikanische Missionsschule besuchen. Als sie 1950 mit einundzwanzig Jahren nach Nanking zurückkehrte, waren ihre Eltern und sechs Geschwister nach Taiwan übersiedelt. Sie war als einziges Familienmitglied auf dem Festland zurückgeblieben und sah ihre Eltern in den darauffolgenden neununddreißig Jahren bis zu deren Tod nicht wieder. Natürlich sehnte sie sich, wie Zehntausende anderer, nach einer neuen Gesellschaft, und ich bin eines von zahllosen Hoffnungskindern dieser Müttergeneration. Es heißt, ich hätte mich als Baby durch mein Geschrei hervorgetan und mit nächtelangem Gebrüll meine Mutter um ihre Nachtruhe gebracht. Dies mag mit ein Grund für ihre spätere Krankheit gewesen sein. Es war gewiß ein Grund dafür, daß mir als Erwachsenem tränenreiche Filmschnulzen in einer Art Antihaltung verhaßt sind.

Ich wurde im Jahr des Drachen geboren, der im traditionellen chinesischen Kalender ein glückverheißendes Sternzeichen ist. Kurz vor meiner Geburt fand in Peking die ›Asiatisch-pazifische Friedenskonferenz‹ statt, deren Emblem eine weiße Friedenstaube gewesen war. Deshalb bekam ich den Vornamen Aige (›Weiße Taube‹). Eigentlich wünschten sich meine Eltern eine Tochter, für die sie sich den Namen Aiyan (›Weiße Schwalbe‹) ausgedacht hatten, zusammengesetzt aus den Schriftzeichen beider Vornamen: mein Vater hieß Aihuai (›Reines Gemüt‹), meine Mutter Yan (›Schwalbe‹). Diese Namen hatten sie sich selber gegeben, als sie während ihrer Verfolgung ihre wahre Identität verbergen mußten. Jahre später, als die Eltern schon recht alt waren, hörte ich Vater einmal Mutter mit ihrem ursprünglichen Namen anreden. Sie reagierte zwar noch immer darauf, brach das Gespräch aber abrupt ab. Aiyan wurde schließlich der Name meiner jüngeren Schwester. Mit dreizehn war ich schon einsachtzig groß und fand, daß ich nicht viel mit einer weißen Taube gemein hatte. Also habe ich meinen Vornamen in Kaige (›Triumphlied‹) geändert, ohne daß meine Eltern irgendeine Reaktion gezeigt hätten. Erst nach dem Tode meiner Mutter erhielt ich in den USA von einem Freund einen Brief, worin er schrieb, daß meine Mutter, als sie im Sterben lag, immerfort gemurmelt habe: »Die Taube ist weggeflogen, die Taube ist weg ...« Erst da habe ich begriffen, daß es auf Erden einige unveränderliche Dinge gibt. Jenes Jahr 1988 war wieder ein Jahr des Drachens, und ich war nicht bei ihr.

Ich liebe Peking, und das liegt gewiß nicht nur daran, daß ich dort geboren wurde. Als ich klein war, gab es hier noch nicht so viele Menschen und nicht so viel Verkehr. Bambuswägelchen, in denen lärmende Kleinkinder hockten, die von lärmenden Großmüttern geschoben wurden, gehörten damals noch zum Straßenbild. Schulgeräusche brandeten auf die Gassen und verebbten ganz plötzlich. Alte Männer saßen auf den Stufen traditioneller Apotheken in der Sonne, zwei Walnüsse in der Hand rollend und mit leerem Blick dem Flug der Tauben folgend, deren Rufe wie ein Echo der Wolken erschienen, ganz zart.

Am meisten los war beim Tempelfest. Ich erinnere mich, wie ich damals vor altmodischen Guckkästen mit ›exotischen Bildern‹ klebte und kaum zu blinzeln wagte. Es gab Landschaften zu sehen, Leute und Szenen aus mythischen Geschichten. Der Schausteller wechselte mit einer Hand die Fotos aus, während er mit der anderen eine kleine Trommel schlug, deren Rhythmus den aufgeregten Kindern die letzten Groschen aus der Tasche lockte. Von anderen Kinkerlitzchen und Köstlichkeiten auf dem Rummel will ich gar nicht erst reden.

Im Frühjahr kam immer ein Mann mit einem Weidenkorb voller Küken vorbei. Er brauchte seine Ware gar nicht auszurufen, denn kaum daß er in die Gasse einbog, war er auch schon von einer Kinderschar umringt. Jeder nahm ein paar Küken mit nach Hause, steckte sie in leere Schuhkartons und beobachtete, wie sie Reiskörner aufpickten. So hockten wir bis zur Abenddämmerung neben den Kartons. An einem Stand mit Goldfischen konnte man sich aus einem Holzeimer seinen Fisch selber aussuchen und ihn mit sauberem Wasser und einer kleinen Wasserpflanze in eine Glasschale setzen. Ein alter Mann verkaufte nach der Blütezeit auf Schnüre aufgezogene Nachthyazinthen, die sich die kleinen Mädchen um den Hals legten. Wenn sie dann damit durch die Gasse rannten, war sie erfüllt vom Blütenduft. Am Abend schallten sommers wie winters die Rufe der Imbißverkäufer durch die Straßen. Öffnete man die Hoftüre, erblickte man menschliche Silhouetten im Dampf vor den hellerleuchteten Garküchen. Waren die Silhouetten, Lieder gröhlend, langsam vorübergezogen, kehrte Nachtruhe ein. Ich lag mit geschlossenen Augen im Bett und fühlte mich warm und geborgen.

Das damalige Peking glich den Widerspiegelungen der Wachttürme der Verbotenen Stadt in den sie umgebenden Wassergräben, so traumhaft ruhig. Wenn der Wind über das Wasser strich, bewegten sich die Spiegelungen zwar, doch sie zerbarsten nicht. Pekings Kiefern und Pflaumenbäume, seine Wohnhöfe und Straßen, zeugten von seiner langen Geschichte, seinem Frieden und seiner Würde.

Als ich klein war, wohnten die Kinder häufig in Horten, weil ihre Eltern überlastet waren. Ich habe zwei Kinderhorte besucht, was meine Kindheit zweiteilte. Der erste Hort befand sich in einem traditionellen Hofhaus mit riesigen geschwungenen Dächern und kleinen Steinlöwen vor den Toren. Die Leiterin war eine sehr strenge Frau, die wie eine Buddhastatue lächelte, wenn sie den Blick auf uns Kinder richtete. Ich wohnte im Nordflügel, in den bei gutem Wetter wunderschön die Sonne schien.

In der zweiten Etage gab es einen Balkon, auf dem wir spielen durften. Unsere Lieblingsbeschäftigung im Frühling war die Seidenraupenzucht. Wann immer wir Zeit hatten, gingen wir auf den Balkon, um sie zu beobachten und mit Maulbeerblättern zu füttern. Nach einigen Wochen wurde es über Nacht ganz still in dem Weidenkorb mit den Raupen. Am anderen Morgen holten wir glänzende Kokons aus dem Korb und wollten von der Leiterin wissen, wohin die Raupen verschwunden seien. Alle heulten, auch die Leiterin lächelte mit feuchten Augen und wußte keine rechte Antwort.

Wenn es Obst zu verteilen gab, bekam jeder etwas ab, eine Birne, einen Granatapfel oder ein paar Kirschen, und die Kleinsten bekamen die Reste. Unseren Mittagsschlaf hielten wir im Sommer unter den Markisen im luftigen Hof, und wenn wir nicht einschlafen konnten, versuchten wir die Sonnenflecken zu erhaschen, die durch die Markisen drangen, und mit ihnen Freundschaft zu schließen. Einmal gerieten wir auf dem Heimweg vom Schwimmbad in ein Gewitter. Wir rannten kreischend zurück zum Hort, während die Kindergärtnerin uns vor sich her trieb wie eine Entenschar. Noch vor Anbruch der Dunkelheit hockten wir wieder in unserem kleinen Speisesaal und mampften mit süßem Bohnenbrei gefüllte Dampfbrötchen, während draußen das Unwetter tobte. Zwischen den Donnerschlägen hielten wir mit dem Essen inne und warteten angespannt auf das nächste Grollen des Donners.

In Regennächten prasselten die Tropfen mit großer Wucht auf die Ziegel der Pekinger Hofhäuser. Dann wurde es plötzlich stiller, und das von den Dächern abtropfende Wasser hörte sich an wie das Stimmen einer Guqin. Wer in solchen Momenten aufwachte, konnte die schmale Silhouette der diensthabenden Kindergärtnerin sehen, die mit einem aufgeschlagenen Buch im Dämmerlicht saß.

In meiner kindlichen Traumwelt ahnte ich natürlich nicht, daß es in China schon mehr als eine halbe Million ›Rechtsabweichler‹ gab, die man hinaus in den Sturm getrieben hatte und die zum großen Teil die nächsten zwanzig Jahre nicht überleben sollten. Kann sein, daß ich neben ihren Kindern im Bett gelegen habe. Auch sie erlitten Wunden, von denen sie selber noch nichts spürten, und es ist purer Zufall, daß es mir nicht wie ihnen erging.

Auch der zweite Hort, den ich anschließend besuchte, war in einem alten Hofhaus, nur daß dieses kein geschwungenes Dach und keine Torlöwen vorzuweisen hatte. Aber Mauern und Tore waren im traditionellen Rotton gestrichen, und es gab überraschenderweise sogar einen kleinen Zoo. Allerdings wurden dort nur zwei Sorten Tiere gehalten: weiße Kaninchen und weiße Enten. Wir fanden es toll, sie vor dem Schlafengehen noch einmal zu besuchen, besonders in Nächten mit Stromausfall. Damals fiel der Strom häufig aus, vielleicht ging das auf das Konto des Großen Sprungs.

Wir verstummten erschrocken, wenn im trüben Licht unserer Taschenlampen rote Augenpaare aufleuchteten, während die Enten, nicht weniger erschrocken, lauthals zu schnattern anfingen und solange protestierten, bis wir endlich das Weite suchten. Hatten wir keine Taschenlampen parat, nahm uns die Kindergärtnerin bei der Hand und führte uns zu den Tieren. Obwohl jeder eine Kerze trug und wir dicht beieinander blieben, glaubten manche, plötzlich Gespenster zu sehen und stießen spitze

Schreie aus. Dann fingen alle an zu kreischen und rannten davon.

Wessen Idee mag es gewesen sein, Enten und Kaninchen zusammenzustecken? Das erwachsene Federvieh war flugunfähig und schnatterte bloß, während die Stallhasen nur aus roten Augen bestanden und keinen Mucks von sich gaben. Was ich später hieran begriff, ging über Enten und Kaninchen hinaus.

Nicht alle Tiere in China genossen eine derart bevorzugte Behandlung in einem Tiergarten. 1958 fand ich mich eines Tages, eine Bambusstange mit einem roten Tuch schwingend, oben auf der Rutsche im Kinderhort wieder. Damals wurden unzählige solcher Stangen durch den Pekinger Himmel geschwungen, begleitet von unablässigem Getrommel und dem Schlagen auf Waschschüsseln. Unmengen von diesem Lärm aufgeschreckter Spatzen fielen tot vom Himmel. Diejenigen, die den Lärm überlebt hatten, erlitten einen langsamen Tod, denn ihnen banden die großen Sieger die Flügel und überließen sie ihrem Schicksal. Am Ende ergab die Hatz einen bis zum Rande mit toten Spatzen gefüllten Viertonner, und die Leute bejubelten auf der Straße ihren Sieg.

In jenem Jahr waren Ratten, Spatzen, Mücken und Wanzen von der Regierung zu den ›Vier Übeln‹ erklärt worden. Freilich gab es außer Spatzen noch andere Vögel in Peking, deshalb weiß ich nicht, was für ein Piepmatz es war, den ich eines Tages unter den Weinranken im Garten des Kinderhortes entdeckt hatte. Das Tierchen erzitterte unter unseren Blicken, als ich zu einem kleinen Mädchen sagte: »Kuck mal, ein Spatz! Der lebt ja noch!« Sie nickte: »Ein Spatz? Das ist ein Schädling.« Mir war noch nicht ganz klar, worin der Unterschied zwischen Vögeln und Schädlingen bestand, doch die Kleine wiegte wissend ihren Kopf und ich mußte einsehen, daß sie

Recht hatte. Trotzdem haben wir hinterher ein Grab für das Tier ausgehoben und ein Weinblatt als Erkennungszeichen daraufgelegt. Als wir jedoch wiederkamen, lagen überall Blätter herum, und noch einen Tag später hatte der Wind sämtliche Blätter verweht. Auch nach diesem Ereignis sangen wir immer noch jenes absurd gewordene Lied: »Die kleinen Vögel weisen uns den Weg, der Wind umschmeichelt uns, dem Frühling gleich kommen wir in den Garten, auf die Wiesen ...«

Der Himmel über Peking war still geworden. Nur ein paar Zeisige in Käfigen hatten überlebt und trällerten ihr Lied zur Erbauung der Menschen. Auch lange nach dem Großen Sprung machten meine Freunde mit ihren Luftgewehren noch Jagd auf Vögel. Ihre Beute wälzten sie in Lehm, warfen sie ins Feuer und warteten, bis sie gar war. 1966 landeten dann nicht mehr nur tote Spatzen im Feuer.

Spatzen galten nicht mehr als Vögel, man hatte sie zu Feinden erklärt. Ihre Existenz war eine Sünde, zu deren Beseitigung man die Tiere vernichten mußte. Wenn ich schon als Kind kein Mitleid für Schwächere hatte, woher sollte ich dann als Erwachsener die Hoffnung auf eigene Stärke in der Zukunft nehmen?

Fast dreißig Jahre später kam ich zufällig noch einmal an jenem Kinderhort vorbei. Die rote Farbe war inzwischen vollkommen abgeblättert, wer weiß, wie oft schon. Natürlich gab es keine Enten und keine Kaninchen mehr, und das Gebäude stand kurz vor dem Abriß. »Ist das wirklich nötig?« fragte ich jemanden. Die Antwort lautete: »Natürlich.« An jener Stelle wollte man ein Hochhaus errichten, in dem viele Kinder Platz finden sollten. Ich bin froh, daß es dort wieder einen Kindergarten gibt, nur finde ich es für die Kinder schade, daß sie nachts keine roten Augen mehr zu sehen bekommen werden. Doch ich bin mir auch nicht ganz sicher, ob sie es überhaupt wollten, selbst wenn sie es könnten.

Meine Familie wohnte in einer Gasse unweit des Kinderhorts. Unser Wohnhof war recht groß, er hatte eine Geistermauer und einen Pferdestall. Das jetzt stark beschädigte Anwesen war in der frühen Qing-Dynastie ein Herrenhaus gewesen. Wir bewohnten den Südflügel mit eigener Umfriedung, langen Fluren, zwei großen japanischen Schnurbäumen und einer separaten Eingangstür zu den inneren Gemächern. Meine Schwester und ich waren in den östlichen Zimmern dieses Flügels untergebracht, wo es an Sommerabenden immer besonders heiß wurde. In den Außengängen hatten wir Melonen, Bohnen und hellviolette Glyzinien gepflanzt, deren Schatten bei Sonnenuntergang an den Wänden spielten.

In meiner Kindheit fühlte ich mich stärker zu meiner Mutter hingezogen, denn mein Vater war immer viel zu beschäftigt und ich bekam ihn kaum zu Gesicht. Ich kann mich nicht mehr genau erinnern, wie er als jüngerer Mann gewesen ist, aber ich glaube, er war ziemlich streng. Jedenfalls war ich immer erleichtert, wenn er zu Filmaufnahmen verreisen mußte. Zum Abschied strich er mir übers Haar und sagte: »Lerne fleißig!«, worauf ich natürlich nickte. Seine spärlichen Briefe beantwortete ich immer beschwichtigend. Erst in der Kulturrevolution begann ich, die Sorgen des Abwesenden zu verstehen.

Seit ich zur Grundschule ging, hatte Mutter mir ab und an Gedichte beigebracht. Sie lag dann für gewöhnlich im blaßgrünen Seidenhauskleid auf einem Bambussessel im Hof und zitierte aus der Sammlung »Tausend Dichter für den Hausgebrauch«. Bei schönem Wetter las sie beispielsweise ein Gedicht des Tang-Dichters Chang Jian: »Des Morgens früh, die Sonne bricht schon durchs Geäst, betrete ich den alten Tempel. Schmal ist der Pfad, der sich zum Ort der Stille windet, ein Duft von Holz und Blumen erfüllt der Einkehr kleinen Raum.« Zum Frühlingsanfang wählte sie etwa den Vers: »Übers Pult hüpfen die Spatzen, voller Blütenstaub ist der Tuschestein.« Für die Abendstunden fand sie passend: »Schon Mitternacht. Der Gast ist nicht erschienen. Müßig spiele ich mit einer Schachfigur, dieweil die Kerze niederbrennt.«

Nach und nach konnte ich einige hundert Verse auswendig. Doch Mutter ließ mich die Gedichte selten Zeile für Zeile aufsagen, sie wollte mir nur ein Gefühl für Poesie vermitteln, und so habe ich sie bis heute nicht vergessen. Ich bin ganz sicher, daß diese Bildersprache meine spätere Arbeit als Filmemacher stark beeinflußt hat.

Schon seit ich ein kleiner Junge war, las ich alles, was mir in die Finger kam. Ich freute mich immer schon auf den schulfreien Samstagnachmittag, an dem ich mich in meinem Zimmer vergrub und alle Bücher verschlang, die ich zu Hause finden konnte. Je düsterer der Himmel, desto gemütlicher fand ich es. Wenn mich bestimmte Passagen in den Büchern restlos gefangennahmen, konnte ich stundenlang vor mich hinträumen. Doch in der Realität habe ich meine angelesenen Heldenrollen aus den Abenteuerromanen nie durchhalten können, die anderen Jungs brauchten mich nur scheel anzusehen, und schon haute ich ab.

Wie bei vielen anderen Menschen auch, war es unsere Haushälterin, von uns Großmütterchen genannt, die den nachhaltigsten Eindruck auf mich als Kind gemacht hat. Ihr Familienname war Shen und sie gehörte dem Volk der Mandschuren an. Mit ihrem schmalen Gesicht und der langen Oberlippe glich sie den Gemälden ihrer Vorfahren, den Qing-Kaisern. Sie war einmal verheiratet, hatte sich jedoch aus ihrer unglücklichen Ehe befreien können und lebte nun allein. Sie konnte weder lesen noch schreiben, und ihre Füße waren nicht verkrüppelt. Wenn man sie danach fragte, sagte sie: »Sie waren gebunden. Ich hab sie gleich wieder losgemacht. Taten mir weh.« Da sie keine eigenen Kinder hatte, mußte sie mit siebzig Jahren noch jeden Tag arbeiten. Ihre Stirn war faltenlos, sie konnte mit ihren Zähnen noch Puffbohnen aufknacken und lief flink wie der Wind. Wenn es nicht zu kalt war, zog sie ihre altmodische Unterwäsche aus und wusch morgens wie abends ihre wohl von Jugend an nicht allzu ansehnlichen Brüste.

Großmütterchen entstammte einer adligen Familie, die einst im Kaiserpalast für die Gärtnerei zuständig war. Das war keine Kleinigkeit, denn man muß sich nur mal vorstellen, wieviele Blumengebinde allein von den Damen im Haar und an der Kleidung getragen wurden. Die Kleidung von Großmütterchen Shen war jedoch aus einfachem Kattun, und sie steckte sich auch keine Blumen ins Haar.

Als der letzte Qing-Kaiser Pu Yi 1911 abdankte, war sie gerade elf Jahre alt. Seitdem verdiente sie ihren Lebensunterhalt mit eigener Hände Arbeit. Nur an ihrer Haartracht konnte man noch unzweideutig erkennen, daß sie eine Mandschu war. Morgens saß sie im Wandelgang unseres Hauses, befeuchtete ihr Haar zuerst mit kaltem Wasser und strich dann mit einer Zahnbürste Osmanthusöl hinein. Anschließend bürstete sie es glatt und drehte es zu einem Knoten. Dann machte sie sich zufrieden ihren Tee und trank ihn mit lautem Schlürfen.

Meine Schwester und ich fragten sie oft: »Großmütterchen, wie ging es in Eurer Jugend in Peking zu?« – »Wie's zuging? Ein Sesambrötchen kostete nur eine Kupfermünze. Die Sojabohnenmilch schmeckte viel besser als heute. Und wenn der Kaiser vorbeikam, mußte der Eingang zu unserer Gasse mit blauen Bannern geschmückt werden. Im Winter übernachteten viele Menschen auf der Straße und starben dort vor Hunger und Kälte.« – »Und dann?« – »Was und dann? Nichts und dann.«

Damals konnte man in ihren Augen noch oft eine träumerische Versunkenheit erkennen, die manchmal lange anhielt. Dann saß sie da und ihr Mund verzog sich zu einem Lächeln, das ebenso plötzlich wieder verschwand wie es gekommen war. Woran mag sie gedacht haben? Sie hat es nie verraten. Der Glanz in ihren Augen erschien wie ein Abglanz ihres früheren Lebens; oft waren ihre Blicke aber auch völlig ausdruckslos.

Da sie Analphabetin war, mußte ich ihr alle Briefe vorlesen, die sie bekam. Auf jedes Wort reagierte sie mit einem Brummeln, als unterhielte sie sich mit dem Verfasser.

Wenn ich fertig war, faltete sie das Schreiben immer sorgfältig zusammen und verstaute es in ihrer Bluse. Sie verehrte das geschriebene Wort und verwahrte jeden beschriebenen Schnipsel Papier. Mußte ich einen Aufsatz schreiben, baute sie sich vor der Tür auf, um Störungen von mir fernzuhalten.

Großmütterchen gehörte zu jenen Pekingerinnen, die ihr Leben lang nie mehr als das Notwendigste an Nahrung und Kleidung zur Verfügung hatten, sich aber dennoch ihre Würde und Selbstachtung bewahrten. Sie war intelligent, ohne ihre Gutmütigkeit einzubüßen. Auf ihr eigenes Ansehen bedacht, achtete sie stets die Gefühle der anderen, und da es keinen Adelsstand mehr gab, erwarb sie sich den Adel der ehrlichen Arbeit. Kleidung und Frisur waren immer peinlich sauber und korrekt. Für die Sorgen anderer hatte sie stets ein offenes Ohr und vermied es, anderen Sorgen zu bereiten.

Unannehmlichkeiten fürchtete sie keineswegs. Hatte ich etwas angestellt, drohte sie mir zwar immer, erzählte aber meiner Mutter nie etwas weiter. Doch wenn meine Schwester gehänselt worden war, nahm sie sie bei der Hand und ging zu den Eltern der anderen Kinder und war erst zufrieden, wenn sie sich entschuldigt hatten. Sie führte die Hände der Streitenden zusammen und forderte: »Los, gebt euch wieder die Hand!«

Sie brachte uns bei, daß man sich weder ausnutzen lassen solle, noch andere ausnutzen dürfe, denn wer zu oft ausgenutzt werde, entwickle sich schließlich selbst zu einem schlechten Menschen. Traditionsgemäß waren die Unterdrückten in China nämlich der Auffassung, daß die Gerechtigkeit auf ihrer Seite sei. Daher hatten sie nichts im Sinn als Rache, das Wort ›Vergebung‹ existierte für sie nicht, der Spieß wurde einfach nur umgedreht. Die Folge war natürlich, daß Unterdrückte und Unterdrücker immer nur miteinander abwechselten. Um uns diese Einsicht zu vermitteln, mußte Großmütterchen keine Bücher wälzen; ihre Herzensklugheit genügte. Damals jedoch war gnadenlose Grausamkeit gegenüber Feinden üblich, und ich konnte die Worte der alten Frau noch nicht begreifen.

Während der Hungersnot passierte etwas, womit ich nie gerechnet hätte. An einem Wintertag des Jahres 1961 wollte Großmütterchen uns gerade unsere Nudelrationen auftun, als Mutter uns hinausschickte. Zuerst hörten wir Mutter mit ihr flüstern, dann ertönte Großmütterchens Stimme: »Meine Schuld, alles meine Schuld! Vergebt mir!« Wir erschraken, als Mutter daraufhin wütend herausstürmte.

Später erfuhren wir, daß Großmutter einen Teil der für uns bestimmten Nudeln in ihre eigene Schale geschöpft hatte, und konnten Mutters Zorn nachvollziehen: Wer seine Kinder liebt, verzichtet in solchen Zeiten, da Reis wertvoller ist als Gold, lieber auf sein eigenes Essen, um die Kinder satt zu bekommen. Deshalb fand sie das Verhalten der alten Frau unerträglich.

Großmütterchen war, als sie den Gesichtsausdruck meiner Mutter sah, auf die Knie gefallen und hatte um Verzeihung gebeten. Dieses verzweifelte Flehen erschütterte mich mehr als die Tatsache, daß sie sich an meinen

Nudeln vergriff. Am liebsten hätte ich nie etwas von dieser Geschichte erfahren, und sie wurde später auch nie mehr erwähnt. Großmütterchen blieb in unserem Haus, bürstete weiterhin ihr Haar, schlürfte ihren Tee und hatte den gewohnten träumerischen Blick.

Ich verstand freilich nie genau, warum die alte Frau bei all ihrer Würde und Selbstachtung uns, den Kindern, die sie liebte, so etwas hatte antun können. Zweifellos war sie hungrig. Doch konnte dieses Häppchen ihren Hunger stillen? Gewiß nicht. Die einzige Erklärung wäre also: Der Hunger machte sie panisch, und diese Angst wurde stärker als die Liebe.

Trat man aus unserem Hoftor und folgte der Gasse nach Süden, war es nicht weit bis zum ›Schütze das Reich‹-Tempel. Tatsächlich diente das Gebäude nicht mehr als Tempel und ich war lange der irrigen Meinung, der Name sei nur ein Überbleibsel aus der Überlieferung. Daß in diesem Gebäudekomplex früher mehr als tausend Mönche aus allen Provinzen des Landes gelebt hatten, wurde mir erst klar, nachdem ich unzählige Male daran vorübergegangen war.

Die Ost- und Westmauern des Hofes, noch fast vollständig erhalten und nur wenig restaurierungsbedürftig, waren recht hoch und ungefähr zweihundertfünfzig Meter lang. An der nach Norden weisenden Rückseite standen im Abstand von zwanzig Metern zwei Tore. Aus diesen Entfernungen lassen sich leicht die Ausmaße dieses Tempels erahnen.

Ich weiß nicht, wie lange die beiden hinteren Tore schon offenstanden und der Tempel somit zu einem Durchgang geworden war. In den ehemaligen Mönchsquartieren lebten jetzt jedenfalls andere Menschen, und mit der Zeit veränderte sich sein ganzes Erscheinungsbild. Anstelle des Südtores waren einige Läden entstanden, ein Blumengeschäft darunter, dessen Blütenduft im Winter durch die Gasse zog.

Ich bin oft durch das hintere Westtor gegangen, dessen grünglasierte Dachziegel im Licht der untergehenden Sonne erglänzten, trotz Staub und Verwitterung. Das Tor und die mittlere Gebetshalle waren durch einen von zahllosen Pilgerfüßen tief ausgefurchten Wandelgang miteinander verbunden. Das breite Steinpodest hinter dem Eingang, auf dem eigentlich die vergoldete Tonfigur des Himmelskönigs hätte stehen müssen, war leer. Hier hockten im Hochsommer weißhaarige Alte und spielten Schach, alte Mütterchen ruhten sich hier ein Weilchen aus. Wer die Gebetshalle in der Abenddämmerung betrat, fand auf den Steinen Leckereien, die nicht einmal die vernaschtesten Kinder anzurühren wagten. Es hieß, daß die alten Leute die Sachen für die ›Wieselgeister‹ auslegten, weil man in dem verwahrlosten Tempel nicht mehr viel Räucherwerk abbrannte und die Geister vernachlässigt würden. Andere meinten, es seien die ›Wieselgeister‹ höchstselbst, die nach alter Sitte Nahrung für hungernde Waisen bereitstellten. So hübsch diese Geschichten auch klangen, der Tempel war und blieb in Wirklichkeit eine Ruine.

Bei jedem Regenguß verwandelte sich der Pfad, auf dem die Pilger früher Blumen gestreut und Räucherstäbchen entzündet hatten, in ein einziges Schlammloch. In den Mönchsquartieren neben den Wandelgängen hausten jetzt lärmende Laien. Türen und Fenster blieben unverändert, doch die Atmosphäre von Ernsthaftigkeit und Ehrfurcht war verschwunden. Die aus kleinen Werkstätten dringenden Geräusche ersetzten das Geläut der Morgenglocke und das Schlagen der Trommeln am Abend. Wo sich ursprünglich die Haupthalle des Tempels befunden hatte, gab es nun einen Kinosaal, während auf den Rücken der steinernen Schildkröten am Eingang noch jene kaum mehr zu entziffernden Schrifttafeln prangten, die von Großtaten und Verdiensten berichteten. Das einzige vollständig erhaltene Gebäude war die ›Halle der Heiligen Schriften‹ im nordwestlichen Teil des Tempels, wo sich selbst die Götterstatuen alle noch an ihrem Platz befanden.

Vor der Halle stand eine sibirische Ulme, deren Rinde an einer Stelle vom häufigen Betasten durch Vorübergehende ganz glatt und hell geschabt war. Hinter dem Baum wuchs dichtes Rizinusgestrüpp, dessen dunkelgrünes Blattwerk keinen Sonnenstrahl durchließ. Aus Neugier öffneten wir Kinder manchmal die Tür und schnupperten, auf der Schwelle verharrend, den feuchten Modergeruch der düsteren Tempelhalle. Die vollkommen eingestaubten Buddhastatuen hatten ihren Blick gesenkt, auf dem Altar fielen eine riesige rote Kerze, ein Weihrauchgefäß und eine Ahnentafel sofort ins Auge.

Dieser Ort wurde während der Kulturrevolution zu einem der ersten Schlachtfelder für die revolutionären Aktionen der Roten Garden. Sie stießen die Türen der großen Halle auf und ließen das Sonnenlicht hinein. Dann zerrten sie die Buddhastatuen von ihren Lotosthronen und zerschmetterten sie am Boden.

Die Schwäche und Einflußlosigkeit der Religion in China ist ein großes Problem. In den vergangenen vierzig Jahren hat man in propagandistischer Absicht viel Schlechtes und kaum Gutes über Religion zu hören bekommen. Das liegt einerseits daran, daß die Hinterfragung des Atheismus einer ›Vereinheitlichung der Ideen‹ hinderlich gewesen wäre, andererseits fürchtete die Partei die Religion im Kampf um das Volk, weshalb sie sie nicht länger dulden konnte. Dabei hätte es einem so edelmütigen, mildtätigen und vorausschauenden Herrscher wie Mao doch eigentlich klar sein müssen, daß die Religion in ihrer gesellschaftsstabilisierenden und werterhaltenden Funktion ein schützenswertes Gut darstellt. Doch nach 1949 wurden die Mönche der vielen buddhistischen Tempel in Peking in alle Winde verjagt und die Gebäude entweiht. Der nachrevolutionären jungen Generation erschien Religion nur noch als ein Synonym für die alte Zeit.

Dabei bietet die Religion in dieser gewiß nicht vollkommenen Welt einen Ausweg. Sie macht jene froh, die Gutes vollbracht haben, und ermöglicht Missetätern die Reue. Den Hoffnungslosen gibt sie neue Hoffnung und den Verzweifelten ein wenig Seelenfrieden. Der Glaube ist der Anfang einer jeden Zivilisation. Der Glaube verlangt Entschlossenheit und ein reines Herz, wobei das Entscheidende nicht die Glaubensinhalte sind, sondern der Glaube an sich. Nur solange die Menschen ihren Glauben nicht verloren haben, besteht noch Hoffnung für die Welt. Werden Herzensreinheit und guter Mut abgetötet, bleibt nichts als eine brutale Volksmasse zurück. Weil der Glaube ein Schutzwall für die Menschheit ist, tobte sich zu Anfang der Kulturrevolution die blindwütige Gewalt der Rotgardisten fast ausschließlich an den Stätten der Religion aus, in den Konfuzius-Tempeln, buddhistischen Gebetshäusern und christlichen Kirchen.

Tempelmärkte wurden bereits 1965 verboten, später folgten volkstümliche Bräuche bei Hochzeiten oder Beerdigungen. Als nächstes löste man den berühmten und seit hundert Jahren bestehenden Markt für Kulturgüter aller Art in der Changdian-Straße im Süden Pekings auf, zu dem die Menschen immer während der Neujahrsfeierlichkeiten geströmt waren. Schließlich waren die alten Stadtmauern an der Reihe.

Der berühmte Architekt Liang Sicheng, Sohn des konfuzianischen Gelehrten Liang Qichao aus der späten

Qing-Zeit, hatte im Jahre 1949 einen Lehrstuhl an der Qinghua-Universität. Der Sieg der Kommunisten über die Kuomintang (KMT) stand damals bereits fest und die Truppen der Volksbefreiungsarmee warteten vor den Toren Pekings.

Im Winter jenes Jahres erhielt Professor Liang eines Abends Besuch von einem Mann, der sich als städtischer Verwaltungsbeamter vorstellte. Er hatte einen Stadtplan mitgebracht, um in Erfahrung zu bringen, welche Orte für Soldaten nicht zugänglich bzw. für Kanonen tabu sein sollten. Beim Kampf um die Macht im Land dachte die KP also noch an den Schutz der Kulturdenkmäler der alten Stadt, wofür sich Liang Sicheng angeblich später erkenntlich zeigen wollte. Kurz darauf wurde Peking ohne große Kampfhandlungen friedlich erobert, achthundert Jahre alte Bauwerke blieben erhalten, was ein großes Glück für ganz China war. Deshalb kann man sich die Gefühle von Herrn Liang vorstellen, als er erfuhr, daß die Zerstörung der Pekinger Stadtmauern geplant wurde.

Er versuchte, die Regierung von ihrem Vorhaben abzubringen, und seine Frau drohte für den Tag des Abrißbeginns sogar mit Selbstmord. Weil es hieß, daß der Befehl direkt von Mao Zedong kam, da die Stadtmauern dem Aufbau der neuen Hauptstadt im Wege stünden, war jeder Protest zwecklos. Die dem Untergang geweihte Stadtmauer wurde von Pioniereinheiten der Volksbefreiungsarmee (VBA) eingekreist und von ihren modernen Maschinen in Schutt und Asche gelegt. Staub erfüllte die Luft, während die Mauern sich in kürzester Zeit in Trümmer verwandelten. Steine der Stadtmauern fand man später in Kaninchen- und Hühnerställen wieder.

Man sagt, daß die Handwerker der frühen Ming-Dynastie bei der ersten Restauration der Mauer Reiswasser und Erde auf die Steine gegossen hätten, um sie zu stabilisieren. Die Pekinger von heute ließen sich vom Lärm der bis in die Nacht arbeitenden Baumaschinen nicht stören. Als die Stadt aus ihrer Lethargie erwachte, war sie bereits ihres Kleides beraubt. Obwohl die Pekinger Bevölkerung seit Generationen in ihrem Schutz gelebt hatte, kümmerte sich enttäuschenderweise niemand um den Erhalt der Mauern, denn die meisten weitsichtigeren Persönlichkeiten waren während der Rektifizierungskampagnen 1957 und 1959 umgekommen oder den Säuberungen im Klassenkampf des Jahres 1962 zum Opfer gefallen. Damals fiel auch die fünf Kilometer lange und achthundert Jahre alte Stadtmauer, die in der Yuan-Dynastie erstmals errichtet, zu Anfang der Ming-Zeit erneuert und seither von jeder neuen Generation behütet worden war.

Ein alter Traum ist dahin wie Wind und Regen und kehrt nie zurück. 1986 sah ich im Museum of Modern Art in New York eine von einem Ausländer aufgenommene Photographie der alten Pekinger Stadtmauer aus dem Jahre 1893. Ich seufzte wehmütig bei dem Gedanken an ihre einst imponierende Gestalt.

Inzwischen sind die geistigen Werte ebenso vernichtet wie die alten Bauwerke. Menschen, die sich nie gegen etwas aufgelehnt haben, wachten auf und erblickten am Horizont eine riesige, glutrote Sonne. Nach einer kurzen Pause zwischen den Akten begannen die Glocken des irdischen Paradieses wieder mit ihrem Läuten. Hinter dem Vorhang hörte man bereits jemanden umherlaufen. Es gab einen Gott und ein blindes Volk, nur ein paar jugendliche Diener fehlten noch.

Zweites Kapitel
Die Explosion

Am 1. September 1965 wurde ich in die Knaben-Mittelschule Nr. 4 aufgenommen. Zusammen mit eintausendachthundert anderen Schülern stand ich an diesem sonnigen Tag auf dem weitläufigen Schulhof und lauschte der Direktorin bei ihrer Ansprache zum Schuljahresbeginn. Mit volltönender Stimme stellte sie rhetorische Fragen, auf die lauthals geantwortet werden mußte, wobei die Schüler ihre Antwort bereits brüllten, bevor sie zu Ende gesprochen hatte. Diese imposante Szene hätte von einem Tang-Dichter beschrieben sein können: »Einer gibt neue Befehle, tausend Bataillone parieren mit einer Stimme.«

Die Knaben-Mittelschule Nr. 4 lag in der Pekinger Südstadt, unweit einer katholischen Kirche. Vom Hinterausgang war es nur eine Straße bis zum Wohnhaus von Marschall Lin Biao, und von da aus nicht mehr weit bis zur Changan-Straße, die ins Zentrum führt. Die Schule konnte schon auf eine sechzigjährige Geschichte zurückblicken und war bekannt wegen ihrer guten Ausbildung. Ein paar Jahre vor der Kulturrevolution schafften über neunzig Prozent der Absolventen dieser Schule den Sprung auf die Universität, weshalb man mit der Aufnahme hier die Hochschuleingangsprüfung so gut wie in der Tasche hatte. Natürlich kam der Großteil der erfolgreichen Konkurrenten aus Kaderfamilien oder Militärhaushalten. Einige waren sogar die Söhne verdienter Veteranen der Revolution. In meiner Klasse lag der Anteil von Ministerkindern bei über zwanzig Prozent, ganz zu schweigen von der großen Zahl der Kaderkinder. Die neue Direktorin war eine ergraute alte Dame, deren Qualifikation auch zur Leitung einer Hochschule gereicht hätte, doch sie hatte die Aufgabe an der Schule übernommen, um sich besonders diesen Kindern zu widmen. Natürlich gab es an der Mittelschule Nr. 4 auch fähige Kinder aus dem Bürgertum, doch insgesamt wurde die Schulmoral von den einflußreichen und in der Überzahl befindlichen Funktionärssprößlingen geprägt.

Ein Mitschüler, an den ich mich noch sehr genau erinnere, ist F., der als einziger zu spät zur Aufnahmefeier kam. Er war auch als einziger bis dahin nicht Mitglied bei den Jungen Pionieren geworden, sonst schon in der zweiten oder dritten Grundschulklasse die Regel. Sein Vater Peng Zhen war damals Politbüromitglied und Bürgermeister von Peking. Der hochaufgeschossene F. kleidete sich unauffällig und fuhr ein Fahrrad der Nobelmarke ›Fliegende Taube‹, mit dem er nicht eben sorgfältig umging. Es war völlig zerkratzt, fuhr aber noch prima. F. spielte Basketball und war ständig verschwitzt, doch er wusch sich nur ungern. Auch die abgeschabte Schultasche, die über seinem Hintern baumelte, war ziemlich dreckig. Er konnte ununterbrochen schwatzen und Fez machen, nur wenn der Lehrer im Unterricht Fragen stellte, zeichnete F. sich durch die Tugend schweigsamer Zurückhaltung aus.

Bei den Klassenkameraden ging das Gerücht, seine Noten hätten längst nicht für die Aufnahme in der Mittelschule Nr. 4 gereicht und der Name seines Vaters habe ihm zu Hilfe kommen müssen: Die Direktorin habe einen Brief mit dem Siegel Peng Zhens erhalten, woraufhin F. natürlich aufgenommen wurde. Der Brief habe mit »Mein Sohn F...« begonnen und mit »Ich werde am 1. September pünktlich in der Schule erscheinen« geendet. Angeblich hatte dieses Schreiben große Aufregung verursacht und den Beginn umfangreicher Vorbereitungen für den Besuch des Bürgermeisters ausgelöst. Als F. dann verspätet anstolziert kam, habe die Direktorin sich nach dessen Verbleib erkundigt, worauf F. sehr erstaunt reagiert und sich vor Lachen geschüttelt habe: »Wer hat denn behauptet, daß mein Vater kommen wollte?!« Den Brief hatte F. natürlich selber geschrieben und bei der Verwendung des Subjekts ›ich‹ noch nicht einmal gelogen ... Mag sein, daß diese Geschichte nicht wahr ist, aber wer immer sie in Umlauf brachte, er hat F. darin sehr treffend charakterisiert.

F. und ich waren nicht nur in derselben Klasse, wir spielten auch in derselben Basketballmannschaft der Freizeitsporthochschule für Jugendliche. Nach einiger Zeit begann ich, ihn zu mögen, obwohl er recht verwöhnt und mutwillig war. Aber er war nicht boshaft und wirkte in seiner leichtsinnigen Art sogar ein bißchen naiv. Er war auch nicht berechnend, sondern seinen Freunden gegenüber sehr großzügig und übernahm nach jedem Wettkampf die Rechnung für die Süßkartoffeln, die wir uns nicht leisten konnten, und erwartete nicht mal ein Dankeschön dafür. Er zog gerne andere Leute auf und wurde selber natürlich auch aufgezogen, was er aber nur mit einem kurzen Gelächter quittierte, weshalb die Mitschüler ihm den Spitznamen ›Blödian‹ verpaßt hatten. ›Blödian‹ war immer guter Dinge, doch sein späteres Schicksal gab ihm nur noch wenig Anlaß zur Fröhlichkeit.

Zhang Xiaoxiang war mit F. und mir gut befreundet. Aus einer Offiziersfamilie stammend und sehr kräftig, war er trotz seines leicht verkrümmten Rückgrats wieselflink. Er hatte ein hübsches Gesicht mit dichten, nach oben geschwungenen Brauen und fand es schick, die Leute über den Rand seiner Brille hinweg zu mustern, wobei ihm das Gestell oft von der Nase rutschte. Wenn ihm etwas unangenehm war, krauste er die Nase und stubste seine Brille nach oben. Mit seinen Körperkräften gab er gern an, packte oft unvermittelt die Hand eines Mitschülers und hielt sie solange eisern umklammert, bis der andere um Gnade winselte. Nach solchen Siegen rieb er sich genüßlich die Hände. Als er eines Tages auf einen Stärkeren traf, jammerte er aufgeregt herum, rückte hektisch seine Brille zurecht und gab nervöse Erklärungen vor den Mitschülern ab. Jemand riet ihm, sich doch einfach zu entschuldigen. Er dachte kurz nach und stieß dann ein paar Worte der Entschuldigung zwischen den Zähnen hervor. Als ein andermal ein Mitschüler seine Brille versteckt hatte, quetschte er versehentlich mit aller Kraft den Arm einer jungen Lehrerin.

Trotzdem war Xiaoxiang der wohlerzogenste von allen meinen Klassenkameraden; er machte einen artigen Diener vor den Eltern der Mitschüler und nannte sie ›Onkel‹ und ›Tante‹. Meine Mutter mochte ihn sehr. Er war eine Leseratte, und die ersten Bücher, die er mir geliehen hatte, waren »Im Innern Afrikas« und William L. Shirers »Aufstieg und Fall des Dritten Reiches«. Würde er heute noch leben, wäre er vielleicht ein guter Schriftsteller geworden.

Der Mitschüler, den ich am meisten bewunderte, war G. mit seinem aufrechten Gang und den kräftigen Bewegungen. Sein natürliches und unaffektiertes Benehmen ging zwar manchmal daneben, aber er war ein sehr hübscher Junge, ein Knabe mit roten Apfelbäckchen. Er sagte nicht viel, doch sein ganzes Gesicht strahlte, wenn er hin und wieder lachte. Beim Zuhören schaute er einen mit geneigtem Kopf so aufmerksam an, daß man an einen einsamen Kranich denken mußte. Sanft und bescheiden, redete er kaum über sich selbst und wurde mit den Jahren sogar noch ruhiger und gelassener.

Die Welt betrachtete er wie eine Schachpartie, vielleicht, weil er so ein vernünftiges Naturell hatte. In guten wie in schlechten Zeiten kam ihm seine ruhige Überlegenheit nicht abhanden, und er ist nie über die Stränge geschlagen, obwohl er die Chance und Anlage dazu gehabt hätte. Aufgrund seiner Strebsamkeit entschied er sich schließlich für den Arztberuf. Betrachtet man das Schicksal seiner Familie während der Kulturrevolution, wird verständlich, daß er sich für die Medizin und gegen eine politische Betätigung entschieden hat. Ein gutherziger Mensch wie er hätte in einer toleranten Gesellschaft bestimmt sein Plätzchen gefunden. Doch in China entkam er seinem vorherbestimmten Schicksal nicht, was vielleicht seine spätere Resignation und seinen Haß erklärt. Er war eines der wenigen Kaderkinder, die in ihrem Leben zu so etwas wie Selbsterkenntnis gelangt sind.

Die Kommunistische Partei hat ihre Macht im Kampf errungen, wobei tragische Ereignisse natürlich unvermeidlich waren. Nach der Machtergreifung hatten die Kriegsteilnehmer alle wichtigen Posten im Staat besetzt, ihre Kinder konnten später ihren Machthunger und ihr Prestigebedürfnis ausleben und wurden maßlos überheblich. Die Erfolge der Elterngeneration sind ihr ganzer Stolz und sie bilden sich ein, Revolutionäre von Geburt zu sein, edlen Geblüts und reines Sinnes, mit der süßen Last der Regierung auf den eigenen Schultern. Sie streben glanzvolle Karrieren an, sind uneinsichtig und arrogant, ja schroff im Umgang mit anderen und im Grunde vollkommen naiv. Dem Alltag entfremdet, idealisieren sie das Leben und träumen von der Revolution, ohne zu wissen, was dieses Wort eigentlich bedeutet. Während sie voller Enthusiasmus nach der ›Wahrheit‹ suchen, stellen sie doch nichts anderes als ihre Ignoranz zur Schau und finden in ihrer Realitätsferne niemals einen wirklichen Zugang zu anderen Menschen, die für sie immer nur Feinde sind.

Die meisten dieser um das Jahr 1949 Geborenen wuchsen auf mit dem Gedanken an die Revolution. Sie wußten nicht, was Leiden heißt und taten nur, was sie von ihren Eltern gelernt hatten. Ihre Ehre wie ihre Schande wurde später nur in den traditionell engen Grenzen individueller Freiheit und abhängig von ihren Familien gesehen. Und so war das Schicksal dieser Kinder in jeder Hinsicht durch ihre Eltern vorherbestimmt, ohne große Möglichkeit eigener Einflußnahme. Insofern bedauere ich all diejenigen, die ihre großen Ideale nie verwirklichen konnten. Die genannten drei Mitschüler sind gute Beispiele.

Was Mao Zedong damals brauchte, war freilich genau diese blinde, anmaßende und herausfordernd-gefährliche Energie, deren Aufgabe einzig und allein die Zerstörung sein sollte. Für ihren Erfolg mußten noch drei weitere Voraussetzungen gegeben sein: Gefolgstreue, Haß und Wille zur Rebellion gegenüber Feinden.

Bereits 1965 gab es unter den Schülern und Studenten Chinas einen Hang zur Götzenverehrung, der auf das Wirken Lin Biaos zurückzuführen ist. Innerhalb weniger Jahre gelang es ihm, Mao Zedong mit Hilfe seiner Propagandatrupps von einem gewöhnlichen Staatsmann zu einem Gott zu erheben. Damit, das wußte Lin genau, entsprach er exakt den Wünschen Maos. Wäre er nicht damals schon wie ein Gott behandelt worden, hätte Mao womöglich später nicht die anderen Götter des Kommunismus angerufen. Bevor sich ihre Wege für immer trennten, hatte er Lin Biao für seine eigenen Zwecke benutzt. Doch dabei machte Mao, obwohl ein guter Kenner der von Machtkämpfen durchsetzten chinesischen Geschichte, einen entscheidenden Fehler: er erkor diesen boshaften Strategen zu seinen Lebzeiten als Nachfolger. In einem Interview, das der amerikanische China-Kenner Edgar Snow 1965 mit Mao führte, wurde die Götzenverehrung ganz deutlich. Reine Götzenverehrung war auch die moderne Peking-Oper ›Der Osten ist rot‹, in der einige Hundert blaugekleidete Mädchen sich nach Öffnen des Vorhangs mit Sonnenblumen in Händen wellenartig auf und ab bewegten und dem langsam gen Himmel entschwindenden Bildnis Maos hinterherschmachteten. Nach dem Ende dieses dreistündigen Spektakels erhob sich in der Großen Halle des Volkes ein tosender Applaus.

Für meine Generation war Mao Zedong ein nicht wegzudenkender Bestandteil des Lebens, wobei unsere Liebe zu ihm eher einer unreflektierten Gewohnheit entsprang. Mao stand über dem Volk mit seinen Alltagsgebräuchen und entsprach damit genau dem, was man von ihm erwartete. Mir fiel nicht einmal auf, wie fett er eigentlich war.

Ich entsinne mich, daß ich als sehr kleiner Junge einmal meine Mutter fragte, wer denn die Partei sei. Meine Mutter konnte mir diese Frage nicht zufriedenstellend beantworten und sagte, daß die Partei nicht nur eine einzelne Person sei. Das verstand ich nicht. »Wer ist denn nun die Partei?« Da blickte Mutter nur kurz auf das Mao-Bild an der Wand und ich begriff: die Partei und die Person Mao Zedongs waren ein und dasselbe.

Als ich mich auf die Aufnahmeprüfung für die Mittelschule vorbereitete, wiederholten wir im Chinesischunterricht noch einmal wochenlang den gesamten, zum Teil recht schwierigen Lehrstoff der letzten beiden Schuljahre. Doch das überraschende Prüfungsthema lautete ganz simpel: »Wie werde ich ein würdiger Sohn des Großen Steuermanns Mao?«

In jenem knappen Jahr, in dem ich die Mittelschule besuchte, verbrachten wir zahllose Sonntage im Klassenraum, um unter Aufsicht der Lehrerin Artikel für Artikel aus den bereits in vierter Auflage erschienenen ›Ausgewählten Werken Mao Zedongs‹ zu studieren. Wir diskutierten über die Revolution, den Klassenantagonismus und die Diktatur des Proletariats und glaubten unerschütterlich daran, daß eine Revolution im gewaltsamen Sturz einer Klasse durch die andere besteht. In allen Schulen hatten sich solche Arbeitsgemeinschaften zum Studium der Werke Maos gebildet.

Die Jugendlichen brachten ihre Ergebenheit gegenüber Mao dadurch zum Ausdruck, daß sie sich seine Jugendjahre zum Vorbild nahmen. Man beschrieb diese Zeit als von einem unerschütterlichen Willen bestimmt, zusammengefaßt in dem Begriff ›Wanderstudium‹: Obwohl er sich aus unzähligen Büchern ein immenses Wissen angelesen hatte, hielt Mao bloßes Bücherwissen für weniger wertvoll als echte Lebenserfahrung. Er verwendete Bücher nur als Flügel für seine Gedanken und nahm sich vor, in völliger Armut durchs Land zu ziehen, um so seine Kenntnisse zu vervollständigen. Das wahre Gesicht der chinesischen Gesellschaft lernte er kennen, als er sich den Lebensunterhalt mit allen nur erdenklichen Arbeiten verdiente. Natürlich stählte er dabei auch seinen Körper und wich auch nicht vor Wind und Wetter, ja, er genoß sie sogar. In der Natur erfuhr er das Glück, das ihm durch seine große, quasi vom Himmel auferlegte Aufgabe zuteil wurde. In jener Zeit soll Mao sehr häufig den Philosophen Mencius zitiert haben: »Wenn der Himmel dir eine große Aufgabe stellt, mußt du sie mit aller Kraft angehen und Schwierigkeiten tapfer überwinden.« Seit seiner Jugend verfaßte Mao auch selber Verse, beispielsweise den folgenden: »Einer, der dreitausend Li gerudert ist, hat Selbstvertrauen für ein langes Leben.« In seinem maßlosen Hochmut legte Mao sich den Ehrentitel Beiming Dapeng (›Riesenvogel Roc aus dem Nordmeer‹) des großen Philosophen Zhuangzi zu und sprach von sich selber als einem »Wandermönch, der mit seinem Regenschirm durch alle Weltgegenden schweift« und sich durch Armut, Hilfsbereitschaft und völlige Unabhängigkeit von Sitten und Gebräuchen einer Gesellschaft auszeichnet.

Wir waren zutiefst beeindruckt von diesen angeblichen Eigenschaften Mao Zedongs. In der Mittelschule Nr. 4 liefen viele Schüler herum, die ›von Mao gelernt‹ hatten: unter den Arm geklemmte Bücher, Bürstenhaarschnitt, schlichte Baumwollkleidung, absichtlich mit Flicken ausstaffiert, auch im Winter barfuß in möglichst löchrigen Baumwollschuhen, aus denen die Zehen lugten – so standen sie in der Abenddämmerung im Park beieinander oder spazierten grüppchenweise die Aschenbahn des Sportplatzes entlang und redeten sich ergebnislos die Köpfe heiß. Manche konnten ganze Abschnitte aus den Werken von Marx oder Lenin auswendig. Was sie auch sagten, es war immer ein Zitat, und sie benutzten es als Waffe im Diskussionswettstreit. Sogar während der Gewittergüsse huschten draußen jubelnde Schatten umher, andere schritten unbeirrt weiterdiskutierend einher. Auch beim Essen, das wir aus einfachen Emaillenäpfen einnahmen, hörte dieses Gerede nicht auf. An Kleidung und Mahlzeiten gemessen, konnte keiner mehr auf unsere unterschiedliche Herkunft schließen.

Wie man im guten Wein nur noch mühsam die sauren Trauben erahnen kann, so erschienen den Kindern der hohen Funktionäre die Heldentaten der Eltern nur noch in verschwommener Schönheit. Ihr Lebensziel bestand vor allem darin, an der Seite Mao Zedongs kämpfen zu dürfen. So war letztlich die Entstehung der Roten Garden konsequent und unvermeidlich, selbst wenn jemand die folgenden Ereignisse vorhergesehen hätte. Auch die Proletarierkinder wurden von dieser Stimmung mitgerissen. Leute wie Yu Luoke, der Bruder der Autorin Yu Luojin, ahmten ebenfalls Maos Gang nach, zogen im Land umher und übernahmen alle möglichen Arbeiten, um die Gesellschaft zu begreifen. Als er freilich in der Kulturrevolution auf einem eigenen Standpunkt beharrte, wurde Yu Luoke wegen ›ideologischer Verbrechen‹ hingerichtet. Maos Person war sakrosankt und ein heikles Gesprächsthema. Ich erinnere mich an eine Diskussion, in der ein Mitschüler zu sagen wagte, daß der Führer Mao Zedong auch ein Mensch sei. Daraufhin mußte er sich der Kritik der gesamten Klasse stellen und wurde obendrein vom Lehrer zurechtgewiesen, der durch diese Worte die Theorie vom Klassenantagonismus gefährdet sah. Als der Dreizehnjährige trotzdem auf seiner Aussage bestand, drohten ihm die Kaderkinder mit Prügel. Damals war das Wort ›Mensch‹ bereits zu einem Schmähruf verkommen, was blieb da noch zu sagen?

In den ersten Tagen der Kulturrevolution tauchte überall die Losung auf: »Verteidigt den Führer Mao!« Das klang fast wie eine Maxime aus den »Frühlings- und Herbstannalen«, denn wenn man jemanden verteidigen soll, muß es auch jemanden geben, vor dem man ihn verteidigen muß. Doch Namen wurden nie genannt. So wurden Feinde überall ausgemacht und gemeinschaftlich vernichtet. Die ersten Wespen, die aus ihrem Nest ausschwärmten, waren Schüler und Studenten, denn sie hatte man ausgiebig darauf vorbereitet.

Gefolgstreue und Rebellionsgeist erscheinen auf den ersten Blick zwei widersprüchliche Begriffe. Bei einem gleichzeitigen Einsatz werden sie jedoch zu einem Schwert mit doppelt scharfer Klinge. Rebellionsgeist ist auch das Auffälligste an Maos Charakter. In seinem Leben gibt es keine klare Linie, er war ein geborener Unruhestifter. Möglicherweise hängt das mit jener Tapferkeit und Unerschrockenheit zusammen, die man seinen Landsleuten aus der Provinz Hunan nachsagt. Das Rebellische im Charakter eines bedeutenden Menschen kann in Umbruchzeiten jedoch auch zu einer Gefahr werden, und zwar dann, wenn der Rebell sich gedanklich nicht wirklich freimacht. So hat Mao es nie geschafft, die kleinkarierten Denkschemata der bäuerlichen Gesellschaft mit ihren hierarchischen Strukturen aus der Kaiserzeit abzuschütteln. Darin lag die Tragik seines Lebens, die bis heute große Nachwirkungen hat. Eine andere Ursache für den rebellischen Charakter Maos ist in der Tatsache zu suchen, daß er – anders als die intellektuellen Führer in der Frühphase der kommunistischen Bewegung – nie eine höhere Schulbildung genossen hat. Weil er nie die Anerkennung akademischer Lehrer erfuhr, entwickelte er schon in jungen Jahren Vorurteile gegenüber Bildung und Gebildeten. Seinem verletzten Geltungsbedürfnis versuchte er ein Leben lang durch Rebellion Genugtuung zu verschaffen. Als er seinen Traum vom irdischen Paradies verwirklichen wollte, mußte er feststellen, daß Kultur und Bildung als Symbole von Tradition, Stabilität und Vernunft doch mächtiger waren als die Politik. Allein deshalb rief er zu Zweifel und Rebellion auf und fand damit bei den Lernenden sofort ein offenes Ohr.

Ein oder zwei Jahre vor Ausbruch der Kulturrevolution veröffentlichte der Pekinger Schüler Gong Xiaoji in der Zeitschrift »Der Mittelschüler« einen Artikel mit dem Titel »Das Geheimnis der guten Note«. Darin erläuterte er, daß einem, wolle man eine gute Zensur bekommen, nichts anderes übrig bleibe, als Aufsätze im Zeitgeist zu verfassen: »Doch das kann nicht unser Ziel sein. Ein intelligenter Schüler hat es nicht nötig, seine Aufsätze nur nach den Noten auszurichten. Besteht man nur knapp, reicht das auch. Viel wichtiger ist es, seine Zeit für die allseitige Entwicklung der Persönlichkeit zu nutzen.« Dieses Machwerk fand in der ganzen Volksrepublik Verbreitung, nachdem Mao den Artikel höchstpersönlich gelobt hatte. Tatsächlich war er ja nicht schlecht geschrieben.

In seiner berühmten Rede zum Frühlingsfest des Jahres 1964 behauptete Mao: »In der Ming-Dynastie gab es nur zwei Kaiser, die das Reich hervorragend regiert haben, Zhu Yuanzhang und Zhu Li. Der eine war Analphabet und der andere hatte nur wenig Bildung. Als zwischen 1522 und 1566 jedoch Intellektuelle an die Macht kamen, wendete sich das Schicksal unseres Volkes zum Schlechten. Daran, daß den Liang-Kaisern Wudi und Li Junzhu trotz – oder gerade wegen – ihrer guten Ausbildung das Reich entglitt, läßt sich beweisen, daß Bildung ein Übel für die Menschheit ist.« Mao führte unzählige weitere Beispiele an, in denen Menschen mit niedrigem Bildungsniveau zu höchsten Würden gelangt waren, und schloß daraus: »Am klügsten sind die armen Schlucker, die Großkopferten haben in Wirklichkeit keine Ahnung.« Diese von Vorurteilen und absurden Schlußfolgerungen strotzende Rede fand selbst bei Schülern der Abschlußklassen Anklang und diente schließlich als Begründung für die vollständige Zerschlagung des Bildungssystems in China.

In der Rektifizierungskampagne von 1957 wären Schüler, die sich ähnlich wie Gong Xiaoji geäußert hätten, unweigerlich zu Rechtsabweichlern gestempelt worden. So erging es etwa einem erst siebzehnjährigen Studenten der Pekinger Filmhochschule, an der ich später selbst studierte, weil er es gewagt hatte, sich über die Qualität des Mensaessens zu mokieren. Für die folgenden zwanzig Jahre blieb er ein Ausgestoßener, elend und hilflos. Wie es damaligen Kritikern des gesamten kommunistischen Erziehungssystems ergangen sein würde, läßt sich leicht ausmalen. 1965 begründete Mao sein überraschendes Loblied auf den Artikel von Gong Xiaoji schlichtweg damit, daß sich der Wind gedreht habe. Zu diesem Zeitpunkt war es zwar noch zu früh für eine offene Rebellion, doch die Jugendlichen mit ihrer natürlichen Nachdenklichkeit, ihrer Begeisterungsfähigkeit und ihrem Rebellionsgeist glichen einer Zeitbombe, die im Felsen tickt. 1966 war die von Mao angesteckte Lunte schließlich abgebrannt.

Ich entsinne mich noch an einen Vortrag in unserer Schule, den ein Veteran aus dem Koreakrieg im Frühjahr 1966 hielt. Eintausendachthundert Schüler lauschten auf dem Schulhof mucksmäuschenstill seinem Bericht über seine amerikanische Gefangenschaft, bei dem er noch immer in Erregung geriet, obwohl seine Erlebnisse schon über zehn Jahre zurücklagen. Er malte uns in den grellsten Farben aus, wie er bei einer Folter mit Elektroschocks bewußtlos geworden war, und wir antworteten mit haßerfüllten Pfiffen und wütendem Gejohle. Selbst die Besonnensten unter den älteren Schülern zitterten am ganzen Leib. In der anschließenden Diskussion schworen wir für den nächsten Krieg einstimmig ›Rache an den US-Imperialisten‹. Niemals zuvor hatte ich ein so intensives Haßgefühl an mir erlebt.

Im Jahre 1964 mußte eine Pekinger Schülerin einen Aufsatz zum Thema »Meine Mutter« schreiben.Die Aufgabe hatte sie zunächst verwirrt und erschreckt, denn ihre Mutter war als Grundbesitzerin zur Klassenfeindin deklariert worden. Schließlich hatte das Mädchen die rettende Idee und erklärte die Kommunistische Partei zu ihrer Mutter. Sie pries deren Größe und die Geborgenheit im Schoße der Partei. Im selben Atemzug brachte sie auch noch den Haß auf ihre leibliche Mutter zum Ausdruck, was ihrem Werk höchstes Lob und weite Verbreitung als Musteraufsatz eintrug.

Schon von frühester Kindheit an hatte man uns eingebleut, daß Liebe immer Klassencharakter besitze und Klassengrenzen insofern auch die Scheidelinien zwischen Liebe und Haß seien. Selbst Blutsverwandte machten da keine Ausnahme, nur die Liebe zum Führer, zur Partei und zur eigenen Klasse wurde zum Dogma erhoben. Fatalerweise war in dieser vom Klassenantagonismus beherrschten Gesellschaft der Begriff ›eigene Klasse‹ keine Konstante, an die man sich halten konnte. So kam es immer wieder vor, daß dort, wo gestern noch Liebe herrschte, heute der Haß regierte; unveränderlich war allein die Liebe zum Führer. Während der Haß grenzenlos war, waren die Grenzen der Liebe eng gesteckt, denn sie galt als Droge einer degenerierten und heuchlerischen Menschheit. Der Haß stand dagegen für Ideale wie Gerechtigkeit, Edelmut und Sicherheit. So wurde der sich epidemisch ausbreitende Haß im bevölkerungsreichsten Land der Erde zum Auslöser einer Katastrophe.

Das fing schon bei den Kindern an. Mit eigenen Augen habe ich gesehen, wie zwei kleine Jungen solange aufeinander eindroschen, bis einer von ihnen schrie: »Wenn du mich haust, dann ist das Klassenrache!« Daraufhin gab der andere sofort nach und der Streit war entschieden. Es war der Sohn eines VBA-Generals, der diese Zauberformel ausgesprochen hatte; der andere war nur ein Professorenkind, dessen Vater nicht einmal die Parteimitgliedschaft vorweisen konnte.

Noch wartete jenes Schwert, das Mao zehn Jahre lang in seinem von romantischen Ideologien und den hehren Begriffen Treue, Haß und Rebellion beherrschten Tempel zurechtgeschmiedet hatte, kampfbereit auf seinen Einsatz; seine Schneide war aus dem Fleisch und Blut der Jugend. Mao Zedong hielt den Griff bereits fest in Händen, und bald würde er es über seinem Haupte schwingen. Auch mein Fleisch und Blut hatte er in dieses Schwert eingearbeitet; voller Ungeduld erwartete ich den Einsatz.

Doch eines Tages wurde mir schlagartig bewußt, daß ich nicht wirklich zum Kreis der Vertrauten gehörte, und zwar, als die Lehrerin, einen gerade fertiggestellten Aufsatz von mir in Händen haltend, mit Fingern auf mich zeigte und mir vorwarf, daß mein Vater kein Genosse sei.

Ich war immer ein guter Schüler gewesen, angesehen bei Lehrern wie Klassenkameraden, und auch ich selbst hielt große Stücke auf mich. Nach einigen erfolglosen Versuchen, ein Instrument zu erlernen, hatte ich mit dem Basketballspiel begonnen und wurde in kurzer Zeit ein guter Spieler. Meine Familie war nicht gerade arm und ich hatte keine Sorgen, satt zu werden und mich ordentlich zu kleiden. Das einzige, was bis zu jenem Tag einen Schatten auf mein sorgloses Leben warf, waren meine schwermütigen, romantischen Spinnereien. Doch sie entsprangen eigentlich nur meiner Naivität, die mich nicht einmal ahnen ließ, was wirkliche Sorgen sein könnten. Und so hatte ich selbstverständlich immer geglaubt, daß meine Eltern Mitglieder der Kommunistischen Partei seien. Die Worte von Lehrerin Zhang trafen mich deshalb wie ein Blitz aus heiterem Himmel. Möglicherweise hätten sich andere Kinder nicht weiter darüber den Kopf zerbrochen, doch für meine ausgeprägte Eitelkeit war es ein Tiefschlag.

Die meisten Kinder von Funktionären waren im Unterricht zwar keine Leuchten, dafür prahlten sie aber oft mit ihrem Wissen über ›geheime Staatsangelegenheiten‹. Sie hockten in Grüppchen beisammen und palaverten sogar über die Mißerfolge in der Kernforschung; ein wichtiges Thema waren aber auch ihre neuen Importfahrräder. Wenn wir gewöhnlichen Schüler am Samstagnachmittag ins Wochenende geschickt wurden, blieben diese Kinder meist noch im Klassenraum, um mit der Lehrerin über ›interne Dinge‹ zu diskutieren. Ich brannte vor Neid auf diese Privilegierten, denn sonst fühlte ich mich ihnen keineswegs unterlegen. Die Mitgliedschaft in ihrer eingeschworenen Gemeinschaft wurde zu einer fixen Idee, obwohl es im Nachhinein albern wirkt, Kinder derart in Schubladen zu verteilen. Die schädliche Kehrseite des Privilegiensystems bekamen die ursprünglich davon profitierenden Kaderkinder drastisch zu spüren, als ihre Familien in Ungnade stürzten. Für Kinder sind Oberflächlichkeit und Geltungsdrang etwas ganz Natürliches, das sich mit dem Älterwerden auswächst und zu einer fernen Kindheitserinnerung wird. Damals jedoch war ich tief verletzt.

Die Parteimitgliedschaft war in unserer Familie nie ein Thema gewesen. Das lag wohl in erster Linie daran, daß ich noch nicht das Alter erreicht hatte, in dem Eltern mit ihren Kindern über solche Dinge reden. Bei einem Fünkchen Verständnis für die Gefühlswelt eines Kindes hätte Lehrerin Zhang, wenn es denn unbedingt sein mußte, meinen Eltern gegenüber diese Sache zur Sprache bringen müssen, statt sie mir aufzutischen.

Ich sah Lehrerin Zhang täglich, kann mich jedoch nicht an ihre hinter Brillengläsern versteckten Augen erinnern. Sie lachte fast nie und ihr Gesichtsausdruck, in dem stets ein kleiner Vorwurf und nur wenig Nachsicht durchschimmerten, blieb immer unverändert. Ihr Alter war schwer zu schätzen, sie konnte fünfunddreißig oder auch fünfundfünfzig Jahre alt sein. Die Vorstellung, sie könnte auch einmal ein kleines Mädchen gewesen sein, fiel mir schwer. Sie hatte die Angewohnheit, immer ein kleines Notizbuch mit sich herumzutragen, in das sie oft mitten im Gespräch einen Blick hineinwarf und es dann jäh wieder zuklappte. Eine andere Angewohnheit war ihr schlaues Lächeln, wenn sie jemanden bei einem Fehler ertappt hatte, den dieser nicht eingestehen wollte. Die Verteidigungsrede blieb einem unter ihren Blicken förmlich im Hals stecken. Wir hatten nur wenig Unterricht bei ihr, denn ihre Hauptaufgabe war die Klassenleitung. Die einzig bekannte Geschichte aus ihrem Privatleben handelte davon, daß die mit einem VBA-Offizier verheiratete Lehrerin während der Rektifizierungskampagne 1957 ganz plötzlich KP-Mitglied geworden war.

An jenem Tage sagte sie, das berüchtigte Lächeln auf den Lippen, in ihrem Büro zu mir: »Dein Vater ist kein Genosse. Weil du ein so fleißiger und guter Schüler bist, brauchst du dir aber keine Sorgen über die Last deiner Herkunft zu machen. Doch sei nicht zu hochmütig! Versuche lieber, die Wankelmütigkeit deiner Kleinkapitalistenklasse zu überwinden. Die Partei glaubt noch an dich!«

Der Ausdruck ›Last der Herkunft‹ war damals ein Synonym für die zweifelhafte politische Gesinnung der Eltern. Und als sie sagte, ich solle nicht zu ›hochmütig‹ sein, wollte sie zum Ausdruck bringen, daß sie gerade deswegen mit mir unzufrieden war, während der Satz, daß die Partei noch an mich glaube, in Wirklichkeit bedeutete, daß es bereits genügend Gründe gab, nicht mehr an mich zu glauben. Ihr Lächeln erschien mir damals deplaziert, denn ich hatte sie nicht provoziert und noch nicht einmal nachgefragt, was eigentlich los sei. Ich hatte immer nur zustimmend genickt, innerlich zerrissen von Gewissensbissen. Wie konnte ich ihr Vertrauen wiedergewinnen? Als sie mir zum Abschied verständnisvoll auf die Schulter klopfte, war ich ihr ungeheuer dankbar. Ich nahm meinen Aufsatz mit und zerfetzte ihn in einem unbeobachteten Moment. Lehrerin Zhang war sich durchaus bewußt, daß sie mein Geltungsbedürfnis ins Unermeßliche gesteigert hatte.

Sie kam in dieser Angelegenheit auch einmal zu uns nach Hause. Die Unterhaltung zwischen ihr und meiner Mutter verlief ganz offenbar nicht besonders erfreulich, denn beim Gehen sagte sie nur knapp: »So wird's gemacht.« Meine Mutter nickte kurz und rief mich, als die Lehrerin fort war, zu sich. In beinahe entschuldigendem Ton meinte sie, daß mein Vater hoffe, bald Parteimitglied zu werden und daß es nicht sein Fehler sei, wenn es noch nicht geklappt habe. Nur weil ich noch zu klein gewesen sei, hätten sie vorher nie mit mir über diese Sache gesprochen, doch wenn ich erwachsen sei, würde ich sicher alles verstehen. Meine Mutter wußte damals genau, wie die Dinge standen, sagte aber immer noch nicht die volle Wahrheit. Ich habe mich von ihrer Ruhe und Liebe wie immer trösten lassen, doch der Ausdruck ›Last der Herkunft‹ begleitete mich von nun an wie mein Schatten. Das alles geschah im Frühjahr 1966.

In den ersten Maitagen rief mich meine Mutter plötzlich zu sich, um mit mir über Vater zu sprechen, den ich zu diesem Zeitpunkt schon geraume Zeit nicht mehr gesehen hatte. In den späten fünfziger Jahren wurde er bereits ein Opfer der Kampagne gegen die ›Vier Übel‹ und zur Umerziehung aufs Land geschickt. Zurück kam ein anderer Mann, überschlank und mit braungegerbter Haut. Er war sehr froh über meine Aufnahme an der Mittelschule Nr. 4 und schenkte mir einen Füllfederhalter, mit dem er ein paar anspornende Zeilen in mein Tagebuch schrieb. Wenig später mußte er schon wieder weg, diesmal an das ›Institut des Sozialismus‹, eine der berüchtigten ›Kaderschulen des 5. Mai‹. Mutter packte für ihn etwas zu essen und ein paar Kleidungsstücke zusammen, zögerte kurz und sagte dann zu mir: »Geh deinen Vater besuchen und bring ihm dieses Paket! Sag ihm, daß er die Probleme mit dem Parteigruppenleiter besprechen soll. Er muß der Partei vertrauen! Wenn du zurückkommst, reden wir über alles.« Ich nickte nur. Damals arbeitete Mutter wegen ihrer Herzkrankheit schon seit zehn Jahren nicht mehr und blieb meist daheim.

Ich weiß inzwischen nicht mehr, wie ich mit dem Fahrrad in so kurzer Zeit eine so lange Strecke zurücklegte. Ich war völlig durcheinander, vom Strampeln hatte ich weiche Knie und meine Augen tränten vom Fahrtwind. Ich hatte immer nur den einen Satz meiner Mutter im Ohr: »Er soll die Probleme mit dem Parteigruppenleiter besprechen!« Lehrerin Zhang lag also doch nicht so falsch, Vater steckte wirklich in Schwierigkeiten. Doch in welchen? Plötzlich begriff ich: Morgen würde das Leben nicht mehr so sein wie heute, alles würde sich verändert haben, wie damals, als ich meine Sparbüchse hingeschmissen hatte und sich die Münzen aus dem mit lautem Knall zerberstenden Gefäß über den ganzen Boden verteilten.

Das ›Institut des Sozialismus‹ war in einem Hochhaus untergebracht. Mein Vater empfing mich in der kleinen Pförtnerloge. Er sah noch abgemagerter und schwächer aus als damals bei seinem Heimaturlaub. Es fiel ihm schwer, sich Mutters gute Ratschläge anhören zu müssen, er verdrehte die Augen und sagte erst nach einer Weile: »Sag deiner Mutter, daß ich schon lange mit dem Parteigruppenleiter über meine Probleme geredet habe. Neue Probleme sind nicht aufgetaucht. Ich glaube an die Partei. Und du, paß du nur gut auf deine Mutter auf! Geht's deiner kleinen Schwester gut? Und sei fleißig!«

In China sind Umarmungen ziemlich ungewöhnlich. Seit ich aus den Kinderschuhen herausgewachsen bin, hatte ich Vaters Hand nur zu spüren bekommen, wenn er mir eine langte. Doch nun wünschte ich mir, daß ich ihn damals einmal umarmt hätte. Zwei Monate später kam Besuch aus Malaysia von Vaters jüngerer Schwester. Obwohl sie schon seit acht Jahren nicht mehr in China gewesen war, bekam sie eine Absage auf ihren Besuchsantrag für Vaters ›Institut‹. Auch Mutter und ich hatten nur einmal kurz Gelegenheit, sie unter der Aufsicht von Begleitern zu sehen und gute Wünsche auszutauschen. Sie wohnte im Hotel; an einem Gewitterabend kam sie zu uns nach Hause. Nach höchstens fünf Minuten erhob sie sich schon wieder aus ihrem Sessel, blickte sich um und sagte, sie werde nie wieder nach China kommen. Dann steckte sie mir eine kleine Geldbörse mit einem Zehn-Yuan-Schein zu. Als sie ging, schaute ich ihr vom Torbogen unseres Hauses lange nach. Der Wind wehte heftig und jagte zahllose dunkle Wolken über den Abendhimmel.

Nach meinem Besuch bei Vater an jenem Frühlingsabend erfuhr ich von meiner Mutter, daß mein Vater 1939 mit neunzehn Jahren in die Nationalpartei Kuomintang (KMT) eingetreten war. Die Unterhaltung, die sich daraufhin entspann, schien wie ein Gespräch zwischen zwei Erwachsenen. Mutter sagte, Vater habe diesen Schritt allein aus patriotischen Gründen und im Zuge des Verteidigungskrieges gegen die japanischen Invasoren unternommen. Damals war die KMT des Generals Chiang Kaishek noch Regierungspartei in China, und Vater, der aus der südchinesischen Küstengegend stammte, hatte von der Existenz einer Kommunistischen Partei noch nie gehört. Dann erzählte Mutter mir von den Kriegsverbrechen der KMT und fuhr fort: »Die Partei hat schon vor langer Zeit ihr Urteil über das Verhalten deines Vaters gefällt. Das ist Geschichte und nicht leicht zu verstehen, wenn man wie du von alldem keine Ahnung hat. Aber ich erzähle es dir, weil ich hoffe, daß du es später einmal begreifen wirst.«

Ich glaubte zwar den Erklärungen meiner Mutter, doch ich konnte die Tatsachen nicht akzeptieren. In den zwanziger Jahren hatten KMT und KPCh noch friedlich koexistiert, bevor sie im Kampf um Ideologie und Macht zu erbitterten Feinden wurden. Beide Parteien haben das Leben mehrerer Generationen in China bis heute zutiefst beeinflußt. In den zweiundzwanzig Jahren zwischen 1927 und 1949 entstand durch den andauernden Kriegszustand und die Grausamkeiten, die man sich gegenseitig zugefügt hatte, ein unversöhnlicher und Generationen überspannender Haß zwischen den Parteien und ihren Anhängern.

Vater war während seiner Mitgliedschaft in der nicht sonderlich streng organisierten KMT ohne jede Funktion geblieben. Deshalb hatten die Kommunisten bei ihm wie bei vielen anderen Parteimitgliedern, die nach der Machtübernahme ebenfalls nicht nach Taiwan geflüchtet waren, zunächst auch von einer Anklage abgesehen. Da die Mitgliederzahl der KMT während der Kriegsjahre sehr hoch war, machten die Kommunisten eine Anklageerhebung vom Zeitpunkt des Eintritts in die Partei abhängig. So kam die Mehrzahl derjenigen, die sich erst nach Beginn des sino-japanischen Krieges auf die Seite Chiang Kaisheks geschlagen hatten, mit einem Aktenvermerk davon und ging zunächst straffrei aus. Diese Toleranz der gerade erst an die Macht gekommenen Kommunisten dauerte aber nur wenige Jahre.

Wir Kinder hielten jede Errungenschaft, deren China sich rühmen konnte – einschließlich unserer selbst –, für ein Produkt der Kommunistischen Partei, in deren System wir hineingeboren und in dem wir aufgewachsen und erzogen worden waren. Dazu gehörte, daß wir für alle Fehlentwicklungen die Nationalisten verantwortlich machten. Ohne dieses Bewußtsein hätten wir die Großartigkeit der Kommunisten nie zu schätzen gewußt und auch keine Vorstellung davon bekommen, was Gewalt, Dunkelheit und Armut eigentlich bedeuten: Die Nationalistische Partei als Quelle allen Übels war fest in unseren Köpfen verankert. Und nun entpuppte sich mein Vater als KMT-Mann! Ich begann ihn zu hassen.

Wann immer irgendein Unheil über die Gesellschaft gekommen ist, erheben sich in China für gewöhnlich allzu viele Menschen, um im Nachhinein laut Anklage zu erheben. Es sind allerdings viel zu wenige, die in einem solchen Moment auf die Knie fallen und sich in Reue üben. Bricht dann ein erneutes Unheil herein, gibt es umgekehrt zu viele Flagellanten und zu wenige, die sich als Ankläger hervorwagen.

Nach dem Ende der Kulturrevolution war eine solche Situation entstanden. Als sich die Tore der Hölle auftaten, sah man nur geknechtete Menschen aus ihnen hervorquellen. Wer aber sind ihre Peiniger gewesen? Man verfolgte die früheren Tempeldiener unseres Gottes Mao Zedong und beschimpfte ihren Tempel. Fragte man jedoch nach individueller Verantwortung, erhielt man nur Antworten wie: »Schuld war der politische Druck, die blinde Autoritätsgläubigkeit, die Macht der Masse ...« Jeder beteuerte auf diese oder ähnliche Weise seine eigene Schuldlosigkeit, und die wahrhaft Unschuldigen und Opfer fanden keinen Verantwortlichen, den sie hätten anklagen können. Dabei ist das Problem von Leben oder Tod noch immer eine Frage der Willensfreiheit des Menschen.

Als es um meinen Vater ging, entschied auch ich mich für die Wahrung meiner eigenen Interessen. Obwohl

Egoismus und Grausamkeit meiner Entscheidung für mich offensichtlich waren, vermochten die schillernden Worte der Propagandisten mein Gewissen auszuschalten: »Seine Existenz kann man sich nicht aussuchen, doch über seinen Lebensweg bestimmt jeder selbst« – »Die Trennung von der reaktionären Familie verleiht deiner bedingungslosen Treue gegenüber der Revolution Ausdruck« und dergleichen mehr. Warum sollte ich also noch länger grübeln?

Erst viel später begann ich darüber nachzudenken, ob ein System, das einerseits dazu auffordert, sich für seinen Nächsten aufzuopfern, andererseits aber von mir verlangt, mich ohne Zögern gegen meine Eltern zu entscheiden, als gescheitert gelten muß oder einen großen Sieg davongetragen hat. Stolz und Selbstvertrauen, die mir die Nationalflagge und die in ihrem Namen verbreiteten Losungen vermittelten, waren erstaunlich zerbrechlich. Nur anfänglich hatte ich ein Gefühl der Großartigkeit; doch als es zerbrach, war das, was dann zum Vorschein kam, alles andere als großartig.

An jenem Frühlingsabend entschied ich mich also für die Revolution. Ich wußte nicht, was als nächstes geschehen und wie ein Wiedersehen mit meinem Vater aussehen würde. Als ich ihn schließlich wiedersah, stand er mit vielen anderen in einer Reihe und wurde beschimpft. Seinen Oberkörper hatte er so weit vornübergebeugt, daß sein Kopf schon fast die Knie berührte.

Im Frühsommer 1966 braute sich in Peking das politische Unwetter zusammen. Die Schülerinnen der Mädchen-Mittelschule Nr. 1 hatten der KP-Führung einen offenen Brief mit der Forderung überreicht, die Hochschuleingangsprüfungen abzuschaffen. Damit lösten sie heftige Diskussionen auch an anderen Schulen und Universitäten aus. Kurze Zeit später tauchten bereits die ersten Wandzeitungen auf und die Schulleitungen reagierten beunruhigt, weil ihnen die Autorität aus den Händen zu gleiten drohte.

Eines Nachmittags fuhr eine Limousine der Marke ›Rote Fahne‹ – ein Fabrikat, das allein den ranghöchsten Parteikadern vorbehalten ist – an unserem Sportplatz vor, wo ich gerade Basketball spielte. F. und sein Bruder, der ebenfalls auf unsere Schule ging, bestiegen den Wagen, während der Sekretär Peng Zhens vor der Abfahrt noch erklärte, daß man zum Flughafen fahre, um den aus Rumänien zurückgekehrten Vater abzuholen. Am anderen Tag trat F.s Bruder von allen Ämtern im Kommunistischen Jugendverband zurück, einen weiteren Tag später wurde Peng Zhen auf den Titelseiten sämtlicher Gazetten kritisiert. Nun war auch er einer derjenigen geworden, denen Mao die Macht entrissen hatte, während sich gleichzeitig die Stimmung unter den Schülern und Studenten immer mehr aufheizte.

Diese Situation wurde jedoch von Staatspräsident Liu Shaoqi und dem damaligen KP-Generalsekretär Deng Xiaoping völlig falsch eingeschätzt. Sie glaubten an einen Machtzuwachs rechter Gruppierungen, der Tendenz von 1957 vergleichbar, und bildeten Arbeitsstäbe, die auf die aufgebrachten Jugendlichen einwirken und die Lage stabilisieren sollten. Mao Zedong genehmigte diese Maßnahme während seines Angelurlaubs am Westsee in Hangzhou, unmittelbar nach seiner Rückkehr in die Hauptstadt löste er die Arbeitsstäbe jedoch wieder auf. Deng Xiaoping und Liu Shaoqi mußten einsehen, daß der Ladenbesitzer durch die Hintertür die Räuber hereinließ, dieweil sie noch unter Aufbietung aller Kräfte am Haupteingang für Ordnung zu sorgen versuchten. Von da an war das Schicksal der beiden Politiker besiegelt, doch was beiden erst bevorstand, hatten unzählige andere bereits vor Liu und Deng durchgemacht.

Mao Zedong, nur noch die Gründung seines irdischen Paradieses im Sinn, hatte schon 1965 die Zerschlagung des Staatsapparates beschlossen; auf den Gebieten Erziehung und Kultur war ihm der Durchbruch bereits geglückt. Am 5. August 1966 schrieb er in einer polemischen Wandzeitung, daß Liu und Deng »mit ihren vergifteten Herzen« im Begriff seien, die gewaltige revolutionäre Bewegung des Proletariats zu unterdrücken. Tatsächlich hatten Liu und Deng bei ihrem Versuch, eine Ausweitung der Aufstände zu verhindern, -zig Tausende der aufständischen Schüler und Studenten zu Arbeitseinsätzen aufs Land verschickt; auch wir mußten Peking verlassen. Dennoch waren wir bestens darüber informiert, was in der nahegelegenen Metropole vor sich ging.

Es war ein ungewöhnlicher Sommer mit häufig wechselndem Wetter. Bei glühender Sonne mußten wir Tomaten ernten, bei Regen warteten wir in unserer Unterkunft auf Wetterbesserung. Untergebracht waren wir im einzigen Klassenraum der Dorfschule, wo wir zu mehr als zwanzig auf dem nur mit Reisstrohmatten bedeckten Lehmboden schliefen. Man konnte sich kaum rühren und alles stank nach feuchtem Lehm und faulenden Matten. Überall verstreut lagen unsere roten Mao-Bibeln – selbstverständlich in neuester Auflage –, in denen wir, uns eifrig Notizen machend, bei schlechtem Wetter schmökerten. War das Unwetter vorüber, standen wir unter dem noch immer bewölkten Himmel und schnupperten die frische Luft auf dem Acker. Wir hatten bereits eine Vorahnung der kommenden Ereignisse, wußten aber noch nicht, was am 29. Mai in Peking geschehen war.

An jenem Tage nämlich hatten einige Studenten aus dem Umkreis der Erweiterten Qinghua-Mittelschule, darunter viele Kaderkinder, einen Geheimbund gegründet. Diese Jugendlichen, die bei ihren nächtlichen Zusammenkünften in den Ruinen des alten Sommerpalastes ihrem Führer Mao Zedong bedingungslose Treue bis in den Tod schworen, ernannten sich zu Hütern seiner Ideen und gaben sich den Namen ›Rote Garden‹.

Eines Nachts, noch in jenem Dorf, wurde ich plötzlich vom Strahl einer Taschenlampe aufgeschreckt. Vor mir stand Lehrerin Zhang und forderte mich auf, einen Mitschüler auf seinem Wachtposten abzulösen. Der Posten war »zum Schutz vor Klassenfeinden« eingerichtet worden, und es war eine besondere, nicht jedem zuteil werdende Ehre, diese Aufgabe übernehmen zu dürfen. Glücklich und dankbar für diesen plötzlichen Vertrauensbeweis, übernahm ich freiwillig in mehreren aufeinanderfolgenden Gewitternächten die Wache. Obwohl ich keinen trockenen Faden mehr am Leibe hatte, machte ich meinen Platz nur ungern für andere frei. Ich entsinne mich noch genau an die Losungsworte: »Sichern!« – »Revolution!« Wir Spielkinder waren noch gewissenhafter als die Erwachsenen, die uns ihr Spiel beigebracht hatten, von dem wir glaubten, daß es unser Leben sei.

Unmittelbar nachdem Mao Zedong am 28. Juli aus Hangzhou in die Hauptstadt zurückgekehrt war, erteilte er den Schülern den Befehl zur Rückkehr nach Peking. Zu Liu Shaoqi sagte er, daß es sehr gefährlich sei, eine Schüler- und Studentenbewegung zu unterdrücken; eine solche Furcht in der KP sei antimarxistisch. Zuvor, als der Befehl Dengs und Lius noch aktuell gewesen war, hatte man in den Pekinger Schulen und Universitäten schon Zehntausende Jugendlicher als ›Rechte‹ und ›Konterrevolutionäre‹ gebrandmarkt.

In nicht abreißenden Buskolonnen erreichten am 29. Juli Hunderttausende aufgekratzter Schüler und Studenten auf Maos Aufforderung zur Rückkehr hin die Hauptstadt. An jenem heißen Sommertag schwärmten wir lauthals singend aus wie Vögel, die nach langer Gefangenschaft ihre plötzlich wiedererlangte Freiheit auskosten. Gleich nach unserer Ankunft bei der Schule wurden die Klassensprecher, von denen auch ich einer war, in einen Bus verfrachtet und zur Großen Halle des Volkes gefahren. Wir hatten nicht einmal Gelegenheit gehabt, uns umzuziehen und stießen verschwitzt und nur mit kurzen Hosen und Unterhemden bekleidet zu den zahllosen anderen, die dort bereits ausharrten.

Überall hingen Plakate mit Parteilosungen. Da wußten wir, daß nun eine Versammlung mit bedeutenden Kadern des Zentralkomitees stattfinden würde. Zunächst hielt Deng Xiaoping eine Rede, dann kam Zhou Enlai an die Reihe, und schließlich erschien sogar der Staatspräsident Liu Shaoqi höchstpersönlich. Er sagte: »Ihr wißt nicht, wie eine proletarische Kulturrevolution angegangen werden muß. Also fragt ihr uns, wie man eine Revolution macht. Doch um euch die Wahrheit zu sagen: ich weiß es auch nicht. Es kann sein, daß ihr keine Fehler begeht, und trotzdem macht man euch später Vorwürfe. Stimmt's? Schließlich kommt es vor, daß man in einer solchen Situation selber nicht mehr weiß, was richtig und was falsch ist.«

Er sagte vollkommen die Wahrheit. Doch mitten in seiner Rede ging plötzlich die Saalbeleuchtung an. Dann kam Mao Zedong hinter der Bühne hervor und durchmaß mit langsamen Schritten, die sein ganzes Selbstbewußtsein zum Ausdruck brachten, den Weg bis zum Rednerpult. Im ersten Moment herrschte überraschtes Schweigen im Saal, doch noch im gleichen Augenblick kochte die Atmosphäre unter dem Jubel der Jugendlichen förmlich hoch. Mao hob im Zeitlupentempo seine Rechte und winkte uns zu. Dann fing er an zu lächeln. An jenem Tag sah ich Mao bereits zum zweiten Mal, nachdem ich ihn schon bei den Feierlichkeiten zum Frühlingsfest 1964 an gleicher Stelle gesehen hatte. Damals lauschten einige Tausend Zuschauer einer Aufführung des Pekingopern-Ensembles, als sich ohne Vorankündigung das gleiche Ritual abspielte: Nachdem man plötzlich das Stück unterbrochen und das Licht angeschaltet hatte, war er mit den gleichen Gesten auf die Bühne gekommen. Es war ein Auftritt wie der eines Bühnenstars, dessen Existenz ganz und gar von seiner Publikumswirkung abhängt. So gesehen besaß auch Mao keine Freiheit; doch nachdem er in einigen Stücken aufgetreten war, wurde das Spiel für ihn zur Realität.

Ich fand Maos Auftritt am 29. Juli eher plump. Er hatte den in seiner Rede unterbrochenen Liu Shaoqi wie einen kleinen Jungen zum Schweigen gebracht und ihn, jeder Autorität beraubt, nach einem Moment des Zögerns zu einem schmählichen Abgang von der Rednerbühne gezwungen. Erst als Mao den Saal wieder verlassen hatte, konnte Liu fortfahren, doch die Wirkung seiner Rede war unwiederbringlich verpufft.

Mao inszenierte jeden seiner Auftritte in dieser Art. Er überließ seinem Feind den ersten Schuß und wartete den günstigsten Moment zum Angriff ab. Damit zog er den stürmischen Beifall des Publikums auf sich. Die ganze Zeit über sagte er kein einziges Wort, und doch stahl er allen Rednern die Show. Sein Abgang war dann wieder ganz ruhig und überlegen. Ein solcher Auftritt genügte, um seinen Gegner zu vernichten.

Nach Maos Abgang erhob sich an jenem Tage unter Zhou Enlai als Dirigenten die Jugend des Ostens und sang die Hymnen »Der Osten ist rot« und »Das große Schiff vertraut seinem Steuermann«. Alle hatten plötzlich Stoffbinden im selben Rotton über ihre Ärmel gestreift.

Am Abend wehte ein heftiger Wind, der die Gardinen vor unseren Fenstern bauschte. Ich erzählte Mutter, daß ich den Führer Mao gesehen hätte. Sie antwortete stirnrunzelnd: »Du hast den Führer Mao gesehen? Wie kannst du da noch so ruhig sein?«

»Der Osten ist rot, die Sonne geht auf: China hat einen Mao Zedong hervorgebracht. Er strebt nach dem Glück des Volkes, er ist der Retter des Volkes.« Die Melodie zu diesem weltberühmten Lied ist eine nordchinesische Volksweise, der Text wurde erst viel später von einem Bauern namens Li Youyuan verfaßt. Er wollte damit seine Freude und Dankbarkeit darüber ausdrücken, daß ihm von der KP ein Stück Land zugeteilt worden war. Doch dann gehörte dieses Volkslied plötzlich zum Repertoire des berühmten Pekinger ›Orchester des Ostens‹ und verdrängte zeitweise sogar die Nationalhymne. Für Abermillionen Menschen wurde es geradezu ein heiliger Choral. In ihm, seinem Ursprung, seinem Inhalt und seiner Darstellungsweise, lassen sich die traditionellen Verehrungs- und Opfergebräuche der bäuerlichen Gesellschaft Chinas ebenso wiederfinden wie in den Reaktionen der Menschen auf dieses Lied.

So lassen sich Freude, Furcht und Ehrfurcht in einer Gesellschaft begreifen, die in ihrer Abhängigkeit von der Natur den Anbruch eines neuen Tages erlebt. Um das Paradies auf Erden anbrechen zu lassen, fehlte 1966 nur noch ein Opfertier.

Drittes Kapitel
Die kleinen Götter

Wie sollte das irdische Paradies Mao Zedongs aussehen? Er sagte beispielsweise: »Die Armee sollte ein Hort des Lernens sein. Besonders im Hinblick auf die drohende Gefahr eines dritten Weltkrieges ist eine derartige Ausbildungsstätte gefragt. Doch neben der Kriegsführung hat eine gut ausgebildete Armee noch weitere Aufgaben im politischen und kulturellen Bereich. Außerdem wäre der Einsatz der Armee in der Landwirtschaft von großem Nutzen. Sie könnte durch die Unterhaltung mittelgroßer und kleinerer Betriebe zum Selbstversorger werden und Tauschgeschäfte mit dem Staat betreiben. Auch ein sozialer Einsatz ist denkbar, der den Kontakt zwischen Armee und Volk sicherstellt. Schließlich hat die Armee eine wichtige Rolle in den Kritikkampagnen des revolutionären Kampfes. Entsprechendes gilt für die Arbeiter. Sie müssen neben ihrer Hauptbeschäftigung in der Industrie eine militärische, politische und kulturelle Ausbildung erhalten. Nach Möglichkeit sollen sie, wie beispielsweise die Arbeiter des Musterkombinats Daqing, eine landwirtschaftliche Nebentätigkeit ausüben, die sie zu Selbstversorgern macht. Schließlich kommt auch ihnen eine besondere Rolle in den Kritikkampagnen zu. Dies trifft auch für die

Bauern, die Arbeiter in Handel, Dienstleistung und Verwaltung, und nicht zuletzt für die Schüler und Studenten zu, für die neben der fachlichen Ausbildung und den kulturellen Studien Anleitungen auf praktischem Gebiet unerläßlich sind. Zu diesem Zweck muß die Studiendauer an den Hochschulen verkürzt, die Ausbildung revolutioniert und die Macht der bürgerlichen Intellektuellen an den Hochschulen ein für allemal zerschlagen werden.«

Dies sind Auszüge aus einem Brief, den Mao im Mai 1966 unter dem Titel »Anweisungen zum 7. Mai« seinem Vertrauten, dem Marschall Lin Biao, zustellen ließ. Damals begriffen nur die wenigsten, daß er hierin die Gesetze des ›Paradieses auf Erden‹ niedergelegt hatte. Seine Vorstellungen von einer künftigen Gesellschaft waren klar:

Die Menschen haben sich nach den Befehlen Mao Zedongs zu richten. So wollte er die damals siebenhundert Millionen Chinesen zu einer Masse von Kritikern der alten wie zu Konstrukteuren und Verteidigern der neuen Gesellschaft machen. Sie sollten eine Industrie aufbauen, die Landwirtschaft entwickeln, zur Kriegführung fähig und darüberhinaus auch noch künstlerisch tätig sein. Das Land sollte sich zu einer großen Schule der Mao-Zedong-Ideen entwickeln, zu einer Schule des Kommunismus. In einer isolierten Gesellschaft sollte der Klassenkampf zum Dogma erhoben und die Trennung von Kopf- und Handarbeit schrittweise beseitigt werden. Er plante die Gleichschaltung der Produktion, um eine vollständig autarke Gesellschaft entstehen zu lassen. Nach der durch den ›Großen Sprung‹ ausgelösten Wirtschaftskrise mußte Mao zwar seine Pläne fallenlassen, sein irdisches Paradies auf dem Wege der Entwicklung der Produktivkräfte zu verwirklichen. Stattdessen errichtete er nun auf der Basis seines Dogmengebäudes eine Art Fürstenherrschaft. Das war die Realität seiner Variante des

Marxismus, der die Kultur vollkommen vernachlässigte. Diese Phantasien belegen, daß Maos geistiger Horizont tatsächlich der eines Bauernsohnes war.

Die Verlockungen des ›Paradieses auf Erden‹ waren die Verlockungen des Ruhmes. Mao träumte davon, zum obersten Führer in Vergangenheit und Gegenwart aufzusteigen, urbi et orbi, und ihm war bewußt, daß es dazu mehr bedurfte, als nur in die Rolle eines neuen Kaisers zu schlüpfen. Deshalb wollte er ein ewig glückbringendes System errichten und einen völlig neuen Menschen erschaffen. Seine neue Welt, errichtet auf seinen eigennützigen Zielen, hätte dann sogar dem Volk zu einem glücklichen Schicksal verholfen. Und Mao schien sich berechtigte Hoffnungen machen zu können: schließlich hatte er gewaltsam die Macht erobert, und seine Erfolge waren beispiellos. Der von ihm heraufbeschworene Ideologiekonflikt mit der Sowjetunion hatte ihn zum Hohepriester des Kommunismus erhoben. Anders als die durch verfassungsmäßige Schranken eingeengten Politiker in westlichen Staaten, konnte er sich über Recht und Gesetz hinwegsetzen. Doch letztlich blieb er in seiner poetischen Traumwelt gefangen, die aus den Heldenepen der klassischen Literatur ihre Nahrung bezog. Er verkündete lautstark sein Credo: »Herausragende Persönlichkeiten sind auch in der Gegenwart zu finden.«

Freilich bekam Mao nicht mehr mit, daß die Welt um ihn herum in Umwälzung begriffen war. Seine Freiheiten waren grenzenlos, doch es schien, als raste er im Traumzug seiner Phantasie in stockfinsterer Nacht an schemenhaften Landschaften vorüber. Selbst den Gesetzmäßigkeiten der Zeit schien er sich nicht mehr unterworfen zu fühlen, wenn er in einem seiner Gedichte sagt: »Mag auch die Zeit entfliehn – unvergänglich die Nächte gewidmet den Büchern.« An anderer Stelle schrieb er: »In tiefster Seelenruhe wandle ich durch den Park.«

Dennoch blieb Mao einsam wie ein Fels in der Wüste. Ihm war nur zu bewußt, daß auch seine Tage gezählt waren, so daß er versuchte, seine schwindende Lebenskraft in Massenkampagnen wiederaufzufrischen. Das Schwert für seinen letzten Entscheidungsschlag hatte er bereits geschmiedet und gewetzt.

Betrachtet man die lange Geschichte Chinas, findet man nur sehr kurze Epochen, in denen die Vernunft regierte; friedliche Machtwechsel oder geglückte Reformen sind rar. Schon vor sehr langer Zeit haben chinesische Intellektuelle die Begriffe ›Chaos‹ und ›Unterdrückung‹ gewählt, um das ständige Schwanken zwischen Willkürherrschaft und Zeiten irrationaler Anarchie zu beschreiben; Gewalt herrschte jedoch in beiden Fällen.

Lu Xun, der berühmteste Schriftsteller der Republikzeit, drückte es so aus: »In der gesamten chinesischen Geschichte kommen keine rationalen Entscheidungen vor. Stattdessen trifft man immer wieder auf zwei Dinge: Feuer und Schwert. Man faßt sie zusammen in dem Begriff ›Vorkommnis‹. Avanciert ein solches ›Vorkommnis‹ zur Wissenschaft, hat sich die Sache erledigt. Doch wenn dies nicht der Fall ist, wird es kein Ende haben mit den in seinem Namen begangenen Untaten.« Weiter schrieb er: »Leider ist es fast unmöglich, China zu verändern. Schon um einen Tisch zu verrücken oder einen Ofen zu reparieren, ist Blutvergießen nötig.«

Diese historischen Erfahrungen haben bei den Herrschern schließlich zu der Gewißheit geführt, daß Politik nichts anderes sei als die Ausübung von Gewalt. Lin Biao bestätigte diese Auffassung eindeutig, als er sagte, daß die Staatsmacht allzeit ein Unterdrückungsapparat gewesen sei und es auch weiterhin bleiben müsse, und natürlich mache auch Mao da keine Ausnahme. Die chaotische Entwicklung bis zur Gegenwart war ein natürlicher Reifungsprozeß; schließlich brauchte man nur noch die reifen Früchte aufzulesen. Mao hatte sich zum großen Chaos entschlossen, im Chaos wollte er seinen Unterdrückungsapparat errichten – sein ›Paradies auf Erden‹ war eine Ausgeburt des Chaos.

Es heißt, daß der innerparteiliche Machtkampf der alleinige Auslöser für die Kulturrevolution gewesen sei. In Wahrheit bedeutete für Mao die Beseitigung seiner Widersacher eine Absage an das gesamte System, das er einst selbst erschaffen hatte. Den Staatsapparat zu bekämpfen hieß in erster Linie, seinen Repräsentanten wie Liu Shaoqi einen Schlag aufs Haupt zu geben. Für diesen gab es keinen großen Unterschied zwischen Kampf und Kapitulation, denn Lius ärgster Feind war zugleich auch sein Befehlshaber. Als der Sturm sich erhob, war das Schicksal der Blätter am Baum längst besiegelt.

Ein Mann mit gottähnlicher Macht und der Zerstörungswut eines unartigen Kindes ›kam‹ also ›vor‹, um Lu Xuns Formulierung aufzugreifen. Der hatte mit den Worten des russischen Schriftstellers Artsybaschew die rhetorische Frage gestellt: »Euren Enkeln serviert ihr die Welt auf einem goldenen Tablett, doch was bleibt für euch selber?«

Schon bevor mein Vater eines nachts von ihnen nach Hause geschleift wurde, prägten die Rotgardisten das Stadtbild. Am 1. August versicherte Mao in einem persönlichen Schreiben an die Roten Garden der Erweiterten Qinghua-Mittelschule – eine Gruppe, die zuvor wegen ›konterrevolutionärer Aktivitäten‹ aufgelöst worden war – sie seiner »wärmsten und uneingeschränktesten Unterstützung«. Ihr Ziel solle es sein, »mit Knüppeln ihre außergewöhnlichen Kräfte und Fähigkeiten zu beweisen, die alte Welt aus den Angeln und ihre Vertreter aus dem Sattel zu heben, auf daß sie vom Strom hinweggetragen werden wie Blütenblätter«. Die Devise lautete: »Je chaotischer, desto besser!« Am 18. August tauchte Mao dann ohne Vorankündigung in einer Uniform ohne Rangabzeichen vor dem Tor des Himmlischen Friedens auf. Unter dem Jubel Millionen Jugendlicher auf dem Tiananmen-Platz legte er die Armbinde der Roten Garden an und machte sich zu ihrem Anführer. Am selben Tag stachelte auch Lin Biao die Rotgardisten zur Aktion an: »Ihr müßt Gedanken, Sitten und Gebräuche der Kultur der Ausbeuterklasse mit Stumpf und Stiel ausmerzen!«

Der Funke hatte das Ende der von Mao entzündeten Lunte erreicht, und unter dem Donnergetöse der nachfolgenden Explosion wurden alle überkommenen Werte zerstört.

Die Schulen hatte man schon lange geschlossen. Unsere erste Reaktion darauf hätte eine Szene aus dem englischen Spielfilm »Hope And Glory« sein können: Kinder stehen auf ihrem zerbombten Schulhof und brüllen dem deutschen Geschwader jubelnd nach: »Danke, Adolf!«

Wann sich die Roten Garden an unserer Schule konstituiert hatten, weiß ich nicht mehr. Ihre Mitglieder zeichneten sich jedenfalls durch ›unzweifelhafte Klassenzugehörigkeit‹ und ein ›revolutionäres Elternhaus‹ aus, während viele Kinder von zweifelhafteren Kadern zurückgewiesen wurden. Bei einer Klassenkonferenz traf ich Zhang Xiaoxiang und einige andere Mitschüler wieder, die nun plötzlich alle als Rotgardisten ausstaffiert waren und Uniformen mit breitem Koppel und einer glänzenden Kupferschnalle trugen. Ungeduldig mit dem Knöchel auf die Bänke klopfend oder ihre roten Seidenarmbinden bewundernd, auf die mit gelbem oder schwarzem Faden die Schriftzeichen ›Rote Garde‹ gestickt waren, hockten sie beisammen und trugen eine merkwürdige Miene zur Schau. So zerbrachen meine

Freundschaften mit Ausnahme der zu F., der es natürlich auch nicht bis zum Rotgardisten gebracht hatte. Seine Eltern waren in ein Umerziehungslager an unbekanntem Ort gesteckt worden, er selbst mußte ein winziges Zimmer in unserer Schule beziehen. Doch noch immer machte er keinen unglücklichen Eindruck. Ob das an seinem angeborenen Optimismus lag, den er sich aller Widrigkeiten zum Trotz hatte bewahren können? Ein ähnliches Schicksal wie F. traf auch den Sohn des Staatspräsidenten Liu Shaoqi, der die Jahrgangsstufe über mir besuchte: er hauste später in der Besenkammer der Schule.

Maos Schwert des Hasses richtete sich in der Mittelschule Nr. 4 zuerst gegen Lehrerin Zhang. Unter dem Getrommel der Fäuste und Gürtelschnallen ihrer Drangsalierer mußte sie auf einen Tisch steigen und sich einer demütigenden Befragung unterziehen. Meine Gefühle als Zuschauer dieses Geschehens waren sehr zwiespältig; doch die Empfindungen Frau Zhangs konnte ich mir kaum vorstellen. Nach anfänglicher Gelassenheit sah man schon bald Tränen hinter ihren Brillengläsern hervorquellen. In den folgenden Wochen mußten fast alle Lehrer eine solche Prozedur über sich ergehen lassen. Die Nervosität wurde größer, und immer häufiger eskalierten Diskussionen zu handfesten Streitereien. So brach die Gewalt aus.

Wann immer in den folgenden Wochen eine Klassentür heftig aufgestoßen wurde, war es bestimmt wegen eines Lehrers, den man mit blutigen Lippen auf den Flur hinausprügelte. Anderen hatte man den Kopf zur Hälfte kahlgeschoren oder die Brille zerschlagen. Sie trugen Namenstafeln um den Hals, auf denen die Schriftzeichen wie bei Rauchverbotsschildern mit roter Farbe durchgestrichen waren. So erging es auch der Direktorin, die, ganz gegen ihre Gewohnheit, auf die im Chor gestellten

Spottfragen der Rotgardisten antworten mußte. Die Strahlen der Augustsonne brannten auf ihrem wirren weißen Haar, und kleine Schweißpfützen bildeten sich am Boden, als sie Rede und Antwort stand. Sie sagte: »Ihr seid doch alle meine Kinder ...«

Als die Roten Garden auf die Straßen gingen, gab Lin Biao die Parole aus: »Mit eurem Elan und eurer Begeisterung müßt ihr Himmel und Erde umstürzen und einen Orkan entfesseln! Ihr müßt den Kapitalisten ihre dekadente Ruhe nehmen und die Proletarier zum Kampf aufwiegeln!«

So verging der August damit, daß die Jugendlichen in Gotteshäuser eindrangen, verheerende Verwüstungen anrichteten und die ausländischen Nonnen verprügelten und vertrieben. Dann kamen die Antiquariate an die Reihe, in denen sie alte Bücher, Kalligraphien und wissenschaftliche Instrumente zerstörten. In den Restaurants machten sie ein Ende mit der Speisenvielfalt und erfanden ein ›Menü nach dem Geschmack der Massen‹. Unzählige Bücher von unschätzbarem Wert wurden in den Bibliotheken ein Raub der Flammen. Straßenschilder wie das vor der sowjetischen Botschaft tauschten sie aus: aus der Yangwei-Straße der Selbstaufwertung wurde die ›Straße gegen den Revisionismus‹. Schaufensterscheiben und Neonreklamen in Geschäften gingen zu Bruch, und schließlich stellten sich die Jugendlichen gruppenweise an Straßenkreuzungen auf und warteten auf Passanten, um ihnen die Köpfe zu scheren oder ihre bourgeois-engen Hosenbeine aufzuschlitzen. Sie rissen den Frauen die Absätze mit Zangen von den Schuhen und brüllten die Weinenden mit Megaphonen an: »Nieder mit der Macht der Kapitalisten!«

Jede dieser Aktionen zog auch beifallklatschende Gaffer an, wodurch die Rotgardisten sich weiter anstacheln ließen. Ein chinesisches Sprichwort besagt, daß derjenige, der ein reines Gewissen hat, den nächtlichen Besuch der Geister nicht zu fürchten braucht. Es waren natürlich alles Engel, die nun an die Türen klopften: im mitternächtlichen Peking hörte man jetzt überall die Geräusche von zerberstenden Türen und von fliehenden, um Hilfe schreienden und gequälten Menschen. Gegen dieses Feuer war die tatenlos zuschauende Feuerwehr machtlos.

Eines nachts wurde ich vom Lärm einer aufgebrachten Menschenmenge vor unserem Wohnhof geweckt. Es war eine Aktion der Roten Garden gegen die Familie eines Revolutionshelden. Ein Familienmitglied galt als Klassenfeind, was als Grund genügte, um alle Angehörigen zu verfolgen. Ein Photo des Helden wurde zerschnitten. Als sein Sohn, ebenfalls ein Rotgardist, davon erfuhr, mobilisierte er die Rotgardisteneinheit seiner Hochschule und marschierte mit ihr zu seinem Elternhaus. Man brach das verschlossene Tor auf und suchte nach den Tätern. Der Sohn schaute unbeteiligt zu, als seine Kameraden aus den Nachbarfamilien Informationen herausprügelten und dabei auch Kinder nicht verschonten. Ein bebrillter Rotgardist fuchtelte mit einem Messer herum und glich in seinem Rachedurst einem rotglühenden Eisenstück. Die Sonne war bereits aufgegangen, als sie ihr böses Räuber-und-Gendarm-Spiel endlich beendeten und abzogen. Zurück blieben die überall herumliegenden Objekte ihrer Zerstörungswut.

Als mein Vater eines abends zusammen mit einigen anderen Männern in den Wohnhof gestoßen wurde, stand ich in der Zuschauermenge. Alle wußten, was die Rotgardisten mit ihnen anstellen würden. Ich weiß nicht, ob die Blässe auf den Gesichtern der Malträtierten vom Mondlicht herrührte oder ob sie schon ein Ausdruck der Furcht vor dem war, was ihnen noch bevorstand. Vater war nur noch ein Schatten seiner selbst, als er in den Hof stolperte.

Im Westflügel des Wohnhofes lebten zumeist bekannte Künstlerfamilien. Wie die anderen Kinder auch, hatte ich bereits am Nachmittag vor der Kritiksitzung als Willkommensgruß für das von der Arbeit heimkehrende Familienoberhaupt selbstverfaßte Spruchbänder mit Schmähungen über unserer Wohnungstür angebracht. Abgehalten wurde die Sitzung im Hof hinter dem von uns bewohnten Flügel. Während Vater und die anderen mit vorgebeugtem Oberkörper im schwachen Lichtschein standen, der aus einem Fenster drang, begannen ihre Kollegen, mit denen sie noch kurz zuvor einträchtig zusammengearbeitet hatten, mit ihrer Kritik. Sie stellten Fragen, die von der Politik bis hin zur bevorzugten Zigarettenmarke reichten. Als Vater an der Reihe war, senkte er den Kopf noch tiefer und ließ sich als ›KMTler, Konterrevolutionär und Rechter‹ beschimpfen. Die Zuschauer geiferten: »Nieder mit ihm!«, und auch ich stimmte in ihre Rufe ein, ohne mir klarzumachen, was ich damit tat. Schließlich riefen die Rotgardisten meinen Namen auf, und ich trat in die Mitte. Was ich genau sagte, weiß ich nicht mehr, doch Vaters Blick, als ich ihn wegschubste, sehe ich noch überdeutlich. Ich stieß ihn zwar nicht mit aller Kraft, aber ich stieß ihn, und er zuckte zusammen, ohne mir wirklich auszuweichen, und senkte nur den Kopf noch tiefer. Meine Empfindungen, während mir die Augen der Menge unentrinnbar auf der Haut brannten, werde ich nie vergessen. Ich brüllte irgendetwas. Plötzlich war eine starke Liebe zu meinem Vater in mir hochgestiegen, diesem Fremden, der nie der mächtige Mann gewesen war, für den ich ihn immer gehalten hatte, sondern ein gebrechlicher Mensch. In diesem Augenblick wurde er für mich erst zu einem richtigen Vater. Wenn ich schon älter, oder dieses Ereignis nur ein Schauspiel gewesen wäre, hätte ich das alles sicher besser ertragen; doch ich war erst vierzehn Jahre alt.

Aber wie konnte es geschehen, daß ich mit vierzehn Jahren meinen Vater verriet? Ich wollte meine Tränen unterdrücken, sie rannen mir in die Kehle, ganz salzig: Woher kommt das bloß alles? Was beweist das alles? Ist es denn nicht pervers, daß Menschenmassen johlend und anfeuernd dabeistehen, wenn ein Kind sich selber und seinen eigenen Vater Stück für Stück vernichtet? Was ist das nur für ein Volk, bei dem so etwas möglich ist?

An jenem Abend lag Mutter in ihrem dunklen Zimmer im Bett, die Lippen krampfhaft aufeinandergepreßt als hielte ihr jemand ein Messer an die Kehle. Ganz leise sagte sie: »Geh!«

Diese Nacht war die einzige, die ich nach meinem Verrat an meinem Vater mit ihm unter einem Dach verbrachte. Bis zum nächsten Morgen sagte er kein Wort und wir wagten nicht, einander anzuschauen. Ich verstand nicht genau, was Mutter im Schlafzimmer zu ihm sagte, nachdem das Licht gelöscht war. Viele Jahre später unterhielt ich mich mit einem nach Taiwan ausgewanderten Freund, der mir erzählte, daß auch er viele Fälle erlebt habe, in denen die Rotgardisten, indem sie Kinder zwangen, ihren eigenen Vater zu demütigen, ihnen jede Würde genommen hätten. Als er dies sagte, lachte ich bitter auf. Auch ich hatte an solchen Massenaktionen teilgenommen und dabei meinen Vater verloren. Doch konnten diese Massen ihn mir tatsächlich ersetzen? Am anderen Morgen wurde mein Vater abgeführt.

Vaters Situation verschlimmerte sich danach immer mehr. Als ich einmal aus meinem Dorf in Yunnan auf Heimaturlaub nach Peking durfte, besuchte ich ihn in seiner ›Kaderschule des 7. Mai‹ am Arsch der Welt. Den zahnlosen alten Mann mit der zerrissenen Kleidung erkannte ich zunächst gar nicht als meinen Vater. Er verrichtete sein Tagwerk mit einem Besen in den Latrinen, wo er jedesmal, wenn jemand herauskam, dessen Hinterlassenschaften beseitigen mußte. Sein Lächeln, das er auf alten Photos immer hervorgezaubert hatte, war dahin. Stattdessen verbeugte er sich nun vor jedem, dem er über den Weg lief, und nickte zustimmend zu allem, was man ihm sagte. Ständig wischte er sich mit seiner vor Kälte aufgesprungenen Hand den Rotz aus dem Gesicht. Seine Augen drückten dieselbe Ratlosigkeit aus wie einst die von Großmütterchen. Als ich ihn besuchte, war er gerade fünfzig Jahre alt, doch sein Leben hatte bereits die verwaschene, undeutliche Farbe einer alten Photographie angenommen.

Einunddreißig Jahre zuvor hatte er sich in das belagerte Chongqing, den Hauptstützpunkt der Nationalisten, begeben. Er konnte es nicht ertragen, daß seine Mutter sich um des Überlebens willen als Waschfrau für die in der Hafenstadt Fuzhou stationierten amerikanischen Truppen verdingt hatte und seine jüngeren Geschwister dennoch verkauft werden mußten. Schon bald nach seiner Umsiedlung nach Chongqing war er, von der KMT enttäuscht, mit wenig mehr als einem sauberen Hemd und zusammen mit seiner Mutter in den Norden weitergezogen, ins Herrschaftsgebiet der Kommunisten. Immer hatte er sich nach einem friedlichen Leben gesehnt, in dem er seine künstlerischen Fähigkeiten entfalten konnte; deshalb nannte er mich auch hoffnungsvoll Aige (›Weiße Taube‹). Doch den Frieden, den er sich so sehnlich wünschte, fand er nie.

Während ich in Yunnan lebte, hatte er gestanden, ein KMT-Agent gewesen zu sein, was natürlich nie der Fall war. Warum hat er sich selber verraten? Weil er hoffte, auf diese Weise wieder ein Mitglied der vielbeschworenen Gemeinschaft werden zu können.

Eines morgens, etwa gegen neun Uhr früh, drang Zhang Xiaoxiang mit seinen Kumpanen in unser Haus ein. Wenn er früher zu uns kam, hatte er mich meist herausgerufen, um mit ihm, über Gott und die Welt schwatzend, gemächlich durch die Straßen Pekings zu radeln. Oft hatte er mir neue Lektüre mitgebracht. Was diesen Besuch von früheren unterschied, war zunächst, daß er sein Fahrrad an jenem Tag an der gegenüberliegenden Hofseite abstellte. Die Sonne schien freundlich durch die Fenster, doch es war nach einem nächtlichen Gewitter noch angenehm frisch. Die Zimmer lagen noch im Dämmerlicht und wir erkannten die Gesichter der Eindringlinge nicht sofort. Es mochten sieben oder acht Jungen aus meiner Klasse sein, von denen einer zu mir sagte: »Chen Kaige, wir Rotgardisten sind gekommen, um eure Wohnung zu filzen.« Eigentlich hätte ich ihm etwas entgegnen müssen, aber ich brachte kein Wort heraus.

Mutter lag auch an jenem Morgen krank im Bett. Als wir gezwungen wurden, das Haus zu verlassen, mußte sie von Großmütterchen gestützt werden. Man befahl ihr, sich mit dem Gesicht zur Wand vor die glatte Außenmauer des Wohnhofes zu stellen, die schon seit der Qing-Zeit stand. Diese Mauer hatte nur eine winzige schadhafte Stelle, die einen an das Gesicht eines alten Menschen erinnerte. Hier hatte ich mit meiner Schwester Ball gespielt und stundenlang das zu ihren Füßen wachsende fleckige Moos betrachtet. Hob man lockere Steine an, krochen Tausendfüßler unter ihnen hervor, und es duftete nach feuchter Erde.

Auf dem Boden sah man überall die im Sonnenlicht glänzenden Schleimspuren der Schnecken, die sich von der Mauer bis unter das Hausdach zogen, wo die Tierchen ihr Quartier hatten. Oft war ich an der Mauer hochgeklettert, um nachzuschauen, ob sie wohl zu Hause seien, und es versetzte mir jedesmal einen Stich, wenn ich vergeblich nach einer Schnecke spähte. Dann verharrte ich manchmal solange reglos an der Mauer, bis mich jemand ins Haus rief, wo ich meinen Kummer schnell wieder vergaß. Nun stand meine Mutter vor dieser Mauer.

Einer der Eindringlinge lächelte vertrauenerweckend. Doch wenn er laut auflachte, kam seine ganze Bosheit zum Vorschein, besonders wenn er jemandem ein Leid zufügte. Wir waren nie dicke Freunde, als wir noch in dieselbe Klasse gingen, denn immer hatte eine gewisse unausgesprochene Animosität zwischen uns geherrscht, die bei Jungen häufig vorkommt und an sich belanglos ist. Deshalb war mir sofort klar, warum er meine Mutter vor der Mauer stehen ließ. Während der Hausdurchsuchung kam er mit seinem Lächeln immer wieder zu mir, um sich nach dem Aufbewahrungsort bestimmter Lieblingsgegenstände zu erkundigen, die er dann genüßlich vor meinen Augen zerstörte. Als einziger der damaligen Eindringlinge konnte er später ein relativ sorgenfreies Leben führen. Sein Vater war nämlich als einfacher Soldat wegen seines niedrigen Ranges in der Kulturrevolution weniger gefährdet als andere. Auch sein Sohn mit dem zarten Gesicht und den Rehaugen trug immer schon vorzugsweise Armeekleidung. Er hieß wie der Große Vorsitzende Mao, und sein Rufname bedeutete ›Jugendliche Schönheit‹. Die Augen Zhang Xiaoxiangs waren allerdings an jenem Tag voller Scham.

Die Rotgardisten rissen den Kleiderschrank auf und zerrten alle Kleidungsstücke auf den Boden. Es roch nach den überall herumkullernden und zertretenen Mottenkugeln. Alles, was aus Seide oder anderen wertvollen Materialien war, zerfetzten sie, nur die einfachsten Baumwollstoffe überstanden die Aktion. Von einigen alten Lederschuhen, die Mutter in den fünfziger Jahren getragen hatte – jetzt trug sie wegen ihrer Herzkrankheit nur noch flache Stoffschuhe –, schlugen sie die Absätze ab oder zersäbelten sie mit Küchenmessern, bis sie ganz stumpf waren. Sogar die Möbel rückten sie von den Wänden, die wie der Holzfußboden mit Brechstangen auf Hohlräume abgesucht wurden. Dabei tauchte hinter einem Schrank eine seit Jahren vermißte Sprechpuppe meiner kleinen Schwester wieder auf. Die warfen sie durch die offene Tür in den Hof, wo sie einen letzten klagenden Ton von sich gab, als sie an einem Baum zerschellte. Mangels Song-Porzellan oder Rollbildern aus der Yuan-Zeit zertrümmerten sie die Gläser aus dem Küchenschrank und die Fensterscheiben. Einer von ihnen machte sich über Großmütterchens Habseligkeiten her und schleuderte ihren Flacon mit dem Osmanthusöl durchs Fenster, nach dem dann der ganze Hof duftete. Aus Schränken und Schubladen stahlen sie Bargeld und Sparbücher und lasen feixend die Briefe meiner Eltern, bevor sie sie in Fetzen rissen. Nachdem sie vergeblich versucht hatten, eine kleine Kassette aufzubrechen, in der die ersten Locken von meiner Schwester und mir aufbewahrt wurden, schlugen sie sie wütend platt.

Zum Schluß waren dann die Bücher an der Reihe. Wir hatten zum Leben immer nur das Einkommen meiner Eltern gehabt und verfügten über keinerlei Ersparnisse. Von dem Geld, das monatlich übrigblieb, haben Mutter und Vater immer nur Bücher gekauft, Geistesnahrung für die Eltern wie für uns. Die meisten Bücher waren mit Anmerkungen versehen, unzählige Absätze rot unterstrichen. Meist standen auf den ersten Seiten handschriftlich die Namenszeichen Ai und Yan. Die Seiten waren stark vergilbt und glichen den Gesichtern alter Menschen. Mutter glaubte: Wer Bücher liebt, der liebt auch sich selbst.

Mit Ausnahme der Werke Mao Zedongs und einiger anderer revolutionärer Klassiker trugen sie alle unsere

Bücher auf einem Haufen unter dem Baum im Hof zusammen und steckten sie an. Während ich wie gelähmt dabeistand und in die Flammen starrte, kam mir der Gedanke, daß mein bisheriges Leben nichts als ein Kindertraum gewesen sei, der gerade mit den Büchern zu Asche wurde. Nun also würde das richtige Leben beginnen. Keiner von uns gab einen Laut von sich, als die Bücher brannten. Es regte sich kein Lüftchen, und im Sonnenlicht erschien das Feuer nicht einmal sehr hell. Im Rauch konnte ich nicht mehr erkennen, daß die Rotgardisten immer wieder ins Haus liefen und weitere Sachen herausschleppten. Die Buchseiten verglühten im Feuer wie im Frühling aufblühende Knospen.

Mutter verharrte vor der Mauer. Sie trug ein Seidenkleid und ein Paar Hausschuhe mit handgesticktem Blumenmotiv. Mal rang sie die Hände vor der Brust wie eine Opernsängerin, mal ließ sie sie schwer herunterhängen. In der Mittagssonne sah man die Schneckenspuren auf der Mauer immer deutlicher. Meine Augen wurden feucht, als ich daran dachte, wie lange eine Schnecke für den Weg vom Fuß der Mauer bis zu ihrem Quartier unter dem Dach brauchte. Meine Mutter hatte bis dahin schon drei Stunden reglos an der Mauer gestanden.

Während der ganzen Aktion kam es mir nicht ein einziges Mal in den Sinn, gegen diese Willkür der Rotgardisten zu protestieren oder wenigstens eine Diskussion über Recht und Unrecht anzuzetteln. Ich war auch nicht wütend genug, um mich einfach mit ihnen zu prügeln. Ob alles noch schlimmer geworden wäre, wenn ich es getan hätte? Aber ich stand einfach nur da, dachte nicht nach über das Geschehen und bemühte mich auch nicht sonderlich, es in meinem Gedächtnis zu speichern. Ich starrte nur ins Feuer, als ginge mich das alles nichts an. Natürlich wußte ich von Leuten, die in ähnlicher Lage protestiert hatten, wie vor kurzem ein junger Mann aus der Nachbarschaft, der in Wut geraten war, als man das Haus seiner Eltern durchsuchte. Mit einem Küchenmesser versuchte er sich gegen die Rotgardisten zu wehren, und sie hatten ihn mit diesem Messer dann zu Tode gequält.

War es Angst vor dem Tod, die mich schweigen ließ? Ja. Aber ich fürchtete noch mehr, von den jugendlichen Rebellen nicht akzeptiert zu werden. Diese Furcht reichte über den Tod hinaus.

Schließlich baute sich Großmütterchen vor Zhang Xiaoxiang auf und sagte: »Junge, Kaiges Mutter ist krank. Gib ihr einen Stuhl.« Zhang Xiaoxiang stellte ihr einen Stuhl hin, doch Mutter warf nur einen kurzen Blick darauf und blieb stehen. Ich habe sie nie gefragt, was ihr an jenem Tag, als sie vor der Mauer stand, durch den Kopf ging. Mütter hegen immer die Hoffnung, daß aus ihren Söhnen tapfere Männer werden. Hat sie damals alle ihre Hoffnung verloren?

Den vielen schweigenden Zuschauern, die sich in unserem Hof eingefunden hatten, waren ihre Gedanken unschwer an den Gesichtern abzulesen. Meine Schwester, das Gesicht tränenüberströmt, versuchte mühsam, ihr Schluchzen zu unterdrücken. Großmütterchen nahm sie tröstend in den Arm. Ich entdeckte unter den Gaffern einen Jungen mit auffallend zufriedener Miene, auch ein Klassenkamerad von mir. Seine Mutter war eine einfache Arbeiterin im Filmstudio meiner Eltern und wohnte im selben Wohnhof. Der Vater saß schon seit längerem im Gefängnis, keiner wußte warum. Da ahnte ich plötzlich, wer Zhangs Bande herbeigerufen hatte. Er selbst war kein Rotgardist.

Das Feuer brannte bis weit in die Nacht hinein. Es versengte die Äste der Hofbäume und sprengte die steinernen Bodenplatten. Vom Wecker bis zum Photoapparat hatten meine Mitschüler alles Mögliche mitgehen lassen, selbst die Tabletten meiner Mutter, angeblich um die Sachen ›nach Abschluß der Untersuchung‹ an das Filmstudio zurückzugeben. Beim Gehen verabschiedete sich jeder einzelne Rotgardist mit Handschlag von mir. Das sollte mir wohl klarmachen, daß sie mich aus den Klauen von Verbrechern errettet und nun Anspruch auf meine Dankbarkeit hatten. Als wir ins Haus zurückgingen, fanden wir ein heilloses Durcheinander vor. Am anderen Morgen begannen Großmütterchen und ich damit, wieder ein wenig Ordnung zu schaffen und schleppten Eimer voll Abfall zum Außentor des Wohnhofs. Noch lange Zeit später flog die Asche unserer verbrannten Bibliothek durch die Luft.

Nicht lange nach dieser Nacht verließ Großmütterchen unser Haus. Beim Abschied ergriff sie noch einmal meine Hände und streichelte sie: »Großmütterchen geht nicht gern. Bleiben kann sie aber auch nicht. Also geht sie lieber. Mach Großmütterchen keine Vorwürfe! Wer geht, kann auch wiederkommen, wenigstens an euch denken. Bist doch schon groß, kannst auf deine Mutter aufpassen. Großmütterchen hat schon viel erlebt, alles ist mal vorbeigegangen. Im Kaiserreich hat man auch Bücher verbrannt, passiert alles nicht zum ersten Mal. Hast du das verstanden?«

Tatsächlich kam sie uns später oft besuchen und brachte mir das Kochen bei. Nicht weit von uns bewohnte sie ein winziges Zimmer. Sie frisierte ihr Haar noch wie früher, nur gab es inzwischen kein Osmanthusöl mehr zu kaufen. Als sie uns verließ, war sie sechsundsechzig Jahre alt, genau so alt wie unser Jahrhundert.

Später erschraken sogar Leute, die einst selbst an solchen Hausdurchsuchungen teilgenommen hatten, darüber, daß in einem Staat, dessen Verfassung eigentlich das persönliche Eigentum unter ihren Schutz stellt, Staatsdiener und sogar Halbwüchsige in die Wohnungen anderer Familien eindringen und deren Hab und Gut rauben durften. Ihr Tun wurde nicht bestraft, sondern sogar noch behördlich gedeckt. Freilich haben Hausdurchsuchungen eine lange Tradition in China. Ganz gleich, ob es Aufständische waren, die in chaotischen Zeiten in die Häuser der Mächtigen einbrachen, oder ob der Kaiser selbst in geordneteren Zeiten einen Befehl erteilte und dieselbe Tat damit legitimierte: es blieben immer Durchsuchungen, auch wenn ihre Motive verschieden waren. Die Rotgardisten folgten also nur der Tradition und brachten nichts als die Reprise eines alten Theaterstücks auf die Bühne. Der Zweck ihrer Durchsuchungen bestand darin, die Opfer in finanzielle Not zu stürzen und sie innerlich zu zerstören. Vor allem vielen alten Menschen blieb nur noch die Flucht in den Tod, nachdem sie alles verloren hatten, was einst für sie Bedeutung gehabt hatte. Mao Zedong hatte seine Auffassung dazu bereits in den zwanziger Jahren in seinem Artikel »Bericht über die Bauernaufstände in Hunan« eindeutig ausgesprochen: »Eine Revolution ist kein Festbankett. Man kann sie auch nicht mit dem Verfassen eines Artikels vergleichen. Sie ist keine Blütenstickerei, und es geht in ihr auch nicht besonders vornehm zu. Man kann dann auch nicht immer höflich und beherrscht bleiben oder Zurückhaltung und Mitleid walten lassen. Eine Revolution ist ein Aufstand, ein gewaltsamer Umsturz, bei dem eine Klasse die Macht über die andere an sich reißt... Werft die Klassenfeinde zu Boden, zertretet sie und laßt sie nie wieder auf die Beine kommen!« Nicht nur den Rotgardisten waren diese verbrecherischen Worte heilig, selbst nach der Kulturrevolution behielten sie ihre unverändert dogmatische Bedeutung. Innerhalb weniger Monate wurden mehrere Millionen Familien Opfer von Hausdurchsuchungen, die prominenteren sogar mehrfach. Unerwarteterweise kamen schließlich auch die Häuser der Rotgardisten, die damals bei uns eingedrungen waren, an die Reihe, wobei sich zum Teil noch brutalere Szenen als bei uns abspielten. Zu jeder Tages- und Nachtzeit hörte man, wie der Mob Türen einschlug und manchmal den gesamten Hausrat demolierte.

Als Mao Zedong sich am 31. August erneut vor den Rotgardisten zeigte, hatten sie bereits die Taschen voller Geld. Kunstgegenstände, mit denen sie nichts anzufangen wußten, waren meist sofort verbrannt worden, andere wurden in unbeaufsichtigten Hallen gelagert oder ins Ausland verscherbelt. Die Kinder der Durchsuchten waren inzwischen selbst zu Räubern oder Bettlern geworden.

Ich zählte schon gar nicht mehr mit, an wievielen ›Kampfsitzungen‹ ich teilgenommen hatte, in denen einzelne von der Masse gezwungen wurden, sich vor allen zu entblößen. Jedesmal mußte sich das Opfer so weit nach vorn beugen, daß sein Körper zu zerbrechen drohte. Dann wurde es im Nacken gepackt, man verdrehte ihm die Arme auf den Rücken und riß sie hoch, so daß sich der Gequälte zwangsläufig noch weiter nach vorn beugte. Man schlug ihm die Zähne aus dem Mund und riß ihm die Haare aus. Wurde der Gepeinigte unter den Schlägen bewußtlos, ließ man ihn einfach zu Boden fallen, wobei er sich weitere Verletzungen zuzog. Oft hängten die Rotgardisten ihren Opfern auch schwere Gewichte an einem dünnen Eisendraht um den Hals, der sich dann tief in die Haut einschnitt.

Wenn ich mich heute daran erinnere, muß ich immer an einen Koch denken, der einen Fisch erst solange auf dem Trockenen liegen läßt, bis ihm die Augen hervorquellen, und ihn dann mit einem Hieb erschlägt. Auch bedeutende Funktionäre wie Liu Shaoqi konnten solche

Greueltaten nicht verhindern, sie fielen ihnen sogar selbst zum Opfer. Unter denen, die im Partei- und Regierungsviertel Zhongnanhai, wo auch Mao residierte, auf Liu einprügelten, waren zahlreiche seiner eigenen Mitarbeiter. Auch General Peng Dehuai, einen altverdienten Veteranen, der noch 1959 von Mao persönlich Pardon erhielt und später an Krebs starb, schlug man auf einer Kritiksitzung siebenmal nieder und brach ihm zwei Rippen. Wenn sogar hochgestellte Persönlichkeiten so viel durchmachen mußten, wie mag es dann erst den vielen Namenlosen ergangen sein?

Am schlimmsten erging es während jener Gewalttätigkeiten allerdings den ehemaligen Grundbesitzern, die man mit dem Etikett ›Angehörige der Ausbeuterklasse‹ gebrandmarkt hatte. Man zwang sie, schwere Lasten über dem Kopf haltend, auf Knien über Glassplitter oder spitze Steinchen zu rutschen. Ein Zittern genügte bereits, und sie wurden geschlagen und getreten. Wenn sie Widerstand leisteten, wurden sie von den Rotgardisten, unter denen sich manche Mädchen besonders hervortaten, nicht selten totgeprügelt. Die kurzgeschorenen oder sogar glatzköpfigen Rotgardistinnen hielten sich für geborene Revolutionärinnen, für die wahren Vertreterinnen des chinesischen Kommunismus. Was sie auch hervorbrachten, immer war es die pure Bosheit. So kam bei einer Hausdurchsuchung in Peking einmal eine ehemalige Landbesitzerin zu Tode, als sie von der Schnalle des Gürtels an der Schläfe getroffen wurde, mit dem man die alte Frau auspeitschte. Mit eigenen Augen sah ich, wie eine höchstens Sechzehnjährige einer anderen Frau hysterisch die Kiefer auseinanderriß, weil sie nicht bereit gewesen war, ihre ›Verbrechen‹ zu gestehen. Als das Mädchen die Hand wieder aus dem Mund des Opfers herauszog, war sie blutverschmiert. Tagtäglich standen Rotgardisten auf den endlosen Bahnsteigen des Pekinger Hauptbahnhofs

Spalier, um mit Waffengewalt ›Ausbeuter‹ abzufangen, die vor ihren Verfolgern aufs Land fliehen wollten; ihnen bereiteten sie ein Abschiedsgeschenk, das sie nie vergessen sollten.

Die Rotgardisten meiner Schule hatten sich mit denen der Mittelschule Nr. 6 zusammengetan und hielten auf dem Schulhof ›Prozesse‹ gegen willkürlich herausgegriffene Mitschüler, Lehrer oder Passanten ab. Die Delinquenten wurden dann zu ›Resozialisierungsmaßnahmen‹ in eigens dafür hergerichtete Klassenräume geschleppt und stundenlang verprügelt. In akribisch ausgeführten Listen wurde über die ›Verbrechen‹ der Beklagten und die fälligen Strafmaßnahmen Buch geführt. Schon zu diesem frühen Zeitpunkt der Kulturrevolution hatte die Gewalt ein in normalen Zeiten unvorstellbares Ausmaß angenommen. Mit dem Blut der Opfer wurden Verse an die Wände geschmiert: »Der rote Terror soll zehntausend Jahre leben!«

Es hatte bereits zahllose Tote und Schwerverletzte gegeben, als das Wüten der Roten Garden durch Äußerungen wie jener des Ministers für Öffentliche Sicherheit Xie Fuzhi halbherzig verboten wurde: »Daß die Massen einzelne Menschen erschlagen, heiße ich zwar nicht gut. Die Massen in ihrem abgrundtiefen Haß gegen schlechte Elemente sind jedoch nicht aufzuhalten, auch wenn wir sie nicht eigens anstacheln.« – Mord war also kein Verbrechen mehr.

Gewalt in ihrer staatlich legitimierten Form wird auch Krieg genannt; findet sie jedoch im Verborgenen statt, nennt man sie Mord. Herrscher verfügen in der Regel über Machtmittel, mit denen sich Kriege vermeiden lassen, und selbst Verbrecher loten erst alle anderen Möglichkeiten aus, bevor sie zur Gewalt greifen. Die Greueltaten in der Kulturrevolution waren von anderer Art. Sie fielen nicht in die Kategorie Krieg, denn es gab keine bewaffneten Feinde, man konnte sie aber auch nicht als Mord bezeichnen, denn die Beteiligten hatten durchaus Willensfreiheit. Deshalb habe ich diese brutalen Angriffe auf die seelische und körperliche Unversehrtheit bis hin zur Tötung von Menschen auch nach zwanzig Jahren noch nicht verstanden. Man könnte einen marxistischen Lehrsatz als Erklärung heranziehen: »Gewalt ist die Hebamme einer neuen Gesellschaft.« Man könnte auch das leichtfertige Gerede von Maos Ehefrau Jiang Qing zitieren: »Schlagen sich zwei gute Menschen, ist das ein Versehen. Schlägt ein Guter einen Bösen, geht das in Ordnung!« Oberflächlich betrachtet, liegt die Ursache vielleicht in der jahrelangen Erziehung zum Haß, bei genauerem Hinsehen trägt wohl das gesamte historische Umfeld die Schuld. Aber auch das sind keine befriedigenden Erklärungen, denn es ist ein Unterschied, ob man etwas nur tun *soll*, oder ob man es dann auch *tatsächlich* tut. Ehrlicherweise müßte man zugeben: Wenn Menschen Greueltaten verüben, ist Bestialität *möglich*; wenn das entsprechende gesellschaftliche Klima hinzukommt, ist sie *gewiß*. Bei den Wenigsten war es ein Ausbruch echten Hasses; auch das Agitprop-Getrommel der Herrschenden war nicht der Auslöser, und erst recht nicht irgendein Zwang. Was also trieb die Menschen zu diesen Gewaltexzessen? Es war die Angst.

Der Mensch ist unfähig, gänzlich außerhalb einer Gemeinschaft zu existieren. Die Entwicklung der Zivilisation ist nichts anderes als die stromlinienförmige Anpassung des Individuums an Tendenzen und Ideen in einer Gesellschaft. Aus der Gemeinschaft verstoßen zu werden, ist eine Urangst des Menschen, die in China noch heute in ihrem ganzen Ausmaß wirksam ist, wo sich individuelle Interessen und Ansprüche an den Schablonen des Gesellschaftssystems zu orientieren haben, oder anders gesagt, alle Individuen von der Gnade des Staates abhängen. Damit wird alles, was der einzelne für sich beansprucht, zu einem Almosen: Beruf, Wohnung, Erziehung und sogar Ehe und Familienplanung, alles unterliegt in China der staatlichen Kontrolle. Der Verzicht auf diese Almosen kommt somit einem Verzicht auf das Leben gleich, so daß den Menschen nichts anderes übrigbleibt, als mit der Gesellschaft konform zu gehen und jegliche Individualität der Masse zu opfern. Damit wird der einzelne zu einem Teilchen in der Masse, er findet seine Persönlichkeit schließlich nur noch in dieser Masse wieder und wird ihr deshalb folgen, wohin sie auch immer driften mag.

Auch die Kulturrevolution war eine solche aus der Angst entstandene Bewegung im Strom der Masse. Dabei spielten bei allem Pathos Begriffe wie Ideologie oder Parteidoktrin für die einzelnen Teilnehmer kaum eine Rolle. Die immer brutaler werdende Gewalt hatte ihre Ursache letztendlich in dem Wunsch der Menschen, den Konkurrenzkampf in einer überbevölkerten Gesellschaft zu bestehen. Es war ein gnadenloser Kampf ums Überleben, man lebte nur noch gegeneinander und schlug den Nächsten zu Boden, um sich selbst zu schützen. Indem man anderen vermeintliche Untreue nachwies, konnte man sich selber seine Treue dem Staat gegenüber beweisen, von dem man sich abhängig wähnte. Deshalb bestand in Motivation und Intention gar kein allzu großer Unterschied zwischen der Gewalt der Täter und der Willfährigkeit der Opfer. Ich erinnere mich beispielsweise, daß ich am Tag nach der Hausdurchsuchung bei uns meine Khaki-Uniform anzog, eine rote Armbinde anlegte und in dieser Aufmachung mit dem Fahrrad herumraste. In meiner Verzweiflung wünschte ich mir nun noch sehnlicher, von den anderen als einer der Ihren anerkannt zu werden. Mein Vater wurde schließlich im Alter von fünfundsechzig Jahren noch KP-Mitglied. Er lächelte wie ein kleiner Junge, der endlich in der Fußballmannschaft mitspielen durfte.

Im Sommer 1967 beteiligte auch ich mich an den Aktionen der Rotgardisten. Als ich das erste Mal jemanden verprügelt hatte, legte ich mich im Schwimmbad in die Sonne, schloß die Augen und tat so, als ob nichts geschehen wäre.

Damals war die revolutionäre Stimmung schon wieder etwas abgeebbt und die Mitgliedschaft bei den Roten Garden keine Pflichtübung mehr. Aber noch wußte niemand, wann der Schulunterricht wieder beginnen würde. Vater saß noch immer im ›Resozialisierungslager‹ des Filmstudios, und noch immer schämte ich mich für seine KMT-Zugehörigkeit, die mir schmerzhaft auf der Haut brannte. Wie einen jungen Baum von seinen Wurzeln, so hatten mich die Hausdurchsuchung und mein damaliger Gesichtsverlust vor der Mutter und den Rotgardisten von meiner Kindheit abgetrennt. Mit welchen Augen die Welt mich betrachtete, wußte ich inzwischen; meine Sache war es, welche Haltung ich ihr gegenüber einnahm. Ich war bisher in keiner Jugendorganisation Mitglied geworden und hatte nichts Rechtes zu tun. Daher besuchte ich wieder die Freizeitsporthochschule, wo es kein Aufsichtspersonal und keine Verantwortlichen mehr gab; deren Aufgaben übernahmen wir selbst. Jeden Tag ging ich nun mit meinen Freunden zum Schwimmen, zum Basketballspielen oder auf ›Kriminellenjagd‹.

Eines Tages hatten sich sehr viele Jugendliche in einem Raum der Sportschule versammelt. Ein Junge mit ängstlich aufgerissenen Augen wurde hereingestoßen. Er war angeblich dabei beobachtet worden, wie er im Schwimmbad einer Frau an den Busen gegriffen hatte. Es spielte keine Rolle, ob das wirklich stimmte – Hauptsache, man hatte einen Sündenbock gefunden, denn ohne Sündenbock hätte das ganze Spektakel abgeblasen werden müssen. Wir hatten alle nur Badehosen an und lehnten an der Wand, der ganze Raum gehörte dem Jungen.

Mein Herz schlug bis zum Hals, als er hereinkam. Einer ging hämisch grinsend mit auf dem Rücken verschränkten Armen auf ihn zu und stellte ihm leise eine Frage. Als der Junge zu einer Antwort anhob, erhielt er den ersten Schlag ins Gesicht und ging zu Boden. Sofort wurde er angebrüllt, er solle wieder aufstehen. Ich sah, daß sein Gesicht schon anschwoll. Noch ehe er sich richtig aufrappeln konnte, ging er erneut zu Boden, von einem zweiten Schlag getroffen. Wieder wurde er angebrüllt, er solle aufstehen, und als er stand, winkte ihn jemand zu sich herüber – eine Faust traf ihn am Kinn, er taumelte einige Schritte rückwärts. Wie ein Punchingball pendelte er durch den Raum, von unzähligen Schlägen getroffen. Auch ich wollte ihn schlagen, doch ich zögerte noch, weil ich bisher nie jemanden geschlagen hatte. Immer wenn ich ausholte, lag er schon wieder am Boden. Schließlich traf meine Faust ihn doch, und zwar am Wangenknochen. Es tat scheußlich weh, aber er zeigte keinerlei Reaktion, was mich fuchsteufelswild werden ließ. Mit aller Kraft ohrfeigte ich ihn, bis mir schwarz vor Augen wurde. Mein Herz raste, ich rang nach Luft und konnte kaum noch aufrecht stehen. Danach döste ich sehr lange in der Sonne; als ich die Augen wieder aufschlug, dunkelte es bereits.

Ich hatte nun auch das süße Gefühl der Gewalt gekostet, das Furcht und Scham außer Kraft setzte. Auf einmal hatten meine Eitelkeit und eine mir bisher nicht bewußte Machtgier eine wunderbare Befriedigung gefunden, als habe sich ein flaches Gefäß mit Wasser gefüllt.

Jener Samen, der mir im Alter von sechs Jahren eingepflanzt worden war, als ich dem kleinen zitternden Vogel im Garten des Kinderhorts tatenlos beim Sterben zuschaute, hatte also Früchte getragen.

Mao Zedong hatte ganz offenbar vergessen, daß ein Magnet die Richtung der Eisenspäne nur solange bestimmt, wie diese an ihm hängen. Er jedoch nutzte den Enthusiasmus der Massen zu lange für seine eigenen Zwecke aus und zerstörte so seine Anziehungskraft und den Magneten selbst. Fälschlicherweise nahm er an, seine Macht und Attraktivität seien Ersatz genug für das Zerstörte.

Er hielt sein Ideal vom ›Paradies auf Erden‹ für genial; darüber soll an dieser Stelle nicht geurteilt werden. Doch klar ist, daß man für die Durchführung einer beliebigen politischen Vorstellung Menschen mit einem gewissen Idealismus braucht. Die von ökonomischen und ideologischen Zwängen beherrschte chinesische Gesellschaft war bisher nie imstande gewesen, auf der Grundlage der Freiheit Persönlichkeiten mit Idealen hervorzubringen. Talente brauchen eine Umgebung, in der sie sich entfalten können, andernfalls können auch keine die Gesellschaft befruchtenden Gedanken sprießen. Mao hat immer eine scharfe Trennlinie gezogen zwischen denen, die ihre persönlichen Interessen verfolgen, und denen, die nach Idealen handeln: »Das Volk, und nur das Volk, ist die schöpferische Triebkraft der Geschichte.«

Alles Gefasel. Die seit Jahren immer lauter gewordenen Rufe, ihn zu einem Gott zu erheben, hatten Mao längst die Urteilskraft geraubt. Er glaubte noch an die bedingungslose Unterstützung durch das Volk auch nach dem Verlust seiner magnetischen Kräfte, als in China die Rollen schon neu verteilt wurden. Er wurde zwar immer noch wie ein Gott behandelt, doch diente er den Menschen auch schon als Legitimation für ihre eigenen Zwecke. Als wenn Anhänger des Buddha sich unter den Augen ihres Priesters gegenseitig umbrächten oder Arbeiter ihren Bauplan zerknüllten und fortwürfen, bestand zwischen Maos Entwurf vom ›Paradies auf Erden‹ und dem tatsächlichen Ergebnis ein himmelweiter Unterschied. Weil selbst die Genossen an seiner Seite sich kaum noch um Maos Absichten und Ziele kümmerten und keiner mehr nach irgendwelchen Idealen strebte, mußte es schließlich zum Verhängnis kommen.

Während der Kulturrevolution habe ich Schlimmes erlebt. Ich sah andere Menschen leiden und habe selbst anderen Leid zugefügt. Ich bin ein Teil der großen Masse gewesen. Lu Xun schrieb einmal: »Massenwahn und Nationalismus sind eine Kriegserklärung an die wenigen begabten Nonkonformisten in China. Der Großteil der Leute verfügt über keinerlei Fähigkeiten und kompensiert diesen Mangel durch übersteigerten Nationalismus. Wenn sie das Land hochjubeln, glauben sie, auch sich selber zu erheben. Wenn einer aus der Masse einmal Erfolg hat, fühlen auch sie sich als Sieger; bei einer Niederlage verteilt sich die Schuld auf alle. Solche Gedanken kommen immer da auf, wo sich Menschen zu einer uniformen Masse zusammenrotten. Äußerlich erscheint ihr Verhalten imposant, tatsächlich aber ist es gemein und feige. Deshalb sind solche dem Massenwahn verfallenen nationalistischen Völker wirklich höchst unglücklich und bedauernswert. Individualismus, also Persönlichkeit, ist hingegen eine Kriegserklärung an die Masse. Allein von ihm gehen politische, moralische und kulturelle Innovationen aus, und es ist ein Glück für jedes Land, wenn es viele solcher Menschen hervorbringt.«

Ideale zu entwickeln gleicht dem Behauen eines Marmorblocks, dessen Erfolg von der unermüdlichen Anstrengung einiger weniger abhängt. Diese Unermüdlichkeit ist einsam und beschwerlich. Wenn man mit

Knüppeln auf eine dicke Mauer eindrischt, brauchen nur genügend Leute mit Hand anzulegen, und die Masse kann sie zu Fall bringen. Freilich wird die Arbeit auch massenhaft eingestellt, sobald die dicke Mauer sich zu neigen beginnt. Der Lange Marsch ist so ein Beispiel für den Erfolg einer kleinen Gruppe. Das ›Paradies auf Erden‹ ist wie ein Blumenstrauß, dessen Blüten sich erst entfalten müssen, bevor ihre Schönheit zum Vorschein kommt.

Viertes Kapitel
Die Asche des Wahnsinns

Die Verhaftung F.s im Winter 1967 verlief ziemlich dramatisch. Augenzeugen gaben an, er habe vor dem Telegraphenamt in der Westlichen Changan-Allee unweit vom Platz des Himmlischen Friedens einen Jeep aufgebrochen und gestohlen. Er wollte mit dem Wagen nur eine Spritztour durch Peking machen. Auch Zhang Xiaoxiang, G. und Mao, die ›Jugendliche Schönheit‹, waren mit von der Partie. Sie brausten über die Changan-Allee bis zur Xidan-Kreuzung östlich des Platzes und fuhren direkt vor dem Militärmuseum einen Fußgänger an, der sein Fahrrad schob; er wurde leicht verletzt. Während F.s Begleiter wegliefen, raste F. panisch in westlicher Richtung weiter und erregte so die Aufmerksamkeit einer Motorradstreife. Nach einer Verfolgungsjagd wurde er schließlich gestellt, als er ebenfalls zu Fuß flüchten wollte. Bei seiner Festnahme trug F. eine Khaki-Uniform, was die Polizisten veranlaßte, sich nach seinen Eltern zu erkundigen. F.s leichtfertige Antwort, daß sein Vater Peng Zhen sei, trug ihm eine Ohrfeige des Polizisten und fünf Jahre Gefängnis ein. Während all dieser Jahre hinter Gittern hat er keinen seiner Mittäter verraten. Diese Geschichte paßte gut in mein Bild von F. Ich sah ihn seit Beginn der Kulturrevolution nur noch selten und glaube, daß er ziemlich einsam und deprimiert gewesen sein muß, nachdem sich die Verhältnisse so radikal geändert hatten. Der Stolz dieses verwöhnten Jungen, der nun tagtäglich mit ansehen mußte, wie sein Vater durch die Reihen seiner Ankläger gereicht wurde und der bei den Roten Garden abgeblitzt war, mußte schwer gelitten haben. Die meisten seiner Freunde hatten ihn im Stich gelassen, und auch ich besuchte ihn nur einmal in seiner Besenkammer in der Schule. Das Inventar dieser Behausung bestand aus einem alten Bettgestell und seinem Fahrrad, das mittlerweile fast auseinanderfiel.

An seinen paar Habseligkeiten wie beispielsweise der Seidenbettdecke aus besseren Tagen, die inzwischen auch als Putzlappen herhalten mußte, konnte man erkennen, wie sehr er inzwischen auf den Hund gekommen war.

Ich wußte schon lange, daß F. einer der wenigen Jungen in der Klasse war, die Autofahren gelernt hatten. Nur zu oft hatte er triumphierend damit angegeben, was für ein tolles Gefühl es sei, im Dienstwagen seines Vaters mit siebzig oder neunzig Sachen über den Strand von Beidaihe zu brettern. Er wurde schließlich verhaftet, weil er sich Privilegien angemaßt hatte, die zwar den Rotgardisten, nicht aber den Verstoßenen zustanden. Damals schlossen sich einige Kinder von Funktionären, die noch nicht entmachtet waren, zu einer Gruppe mit dem Namen ›Aktionsbündnis‹ zusammen. Entsprechend der Position ihrer Väter errichteten sie auch untereinander eine Hierarchie, die sich in ungewöhnlich breiten Armbinden aus verschiedenen Stoffqualitäten von Seide über Satin bis zu Schurwolle manifestierte; sie waren rot wie die der Roten Garden, doch ohne Schriftzeichen, und wurden zu schweren Generalsmänteln getragen. So zogen die ›Aktionsbündler‹ durch die Stadt und machten, was sie wollten; sogar zu Überfällen auf Polizeistationen erdreisteten sie sich. F. hatte jedoch anscheinend noch nicht kapiert, daß er nicht mehr zu diesen Privilegierten gehörte, daß sein früherer Lebensstil ihm nun nicht mehr zustand. Es wurde ihm zum Verhängnis, daß er sich dennoch sein Teil herausnahm, und er war völlig überrumpelt von dieser Wendung. Mitleid hatte kaum einer mit ihm, viele lachten schadenfroh. Unter ihnen tat sich besonders Lehrerin Zhang hervor, die noch Salz in seine Wunden rieb.

Ich halte F.s Taten für eine echte Rebellion gegen die Gesellschaft. Er verlor auch nach seiner Verhaftung seine Heiterkeit und sein Lachen nicht und zeigte damit, aus welchem Holz er geschnitzt war.

F.s ›Kampfsitzung‹ fand in einem Saal der Nachrichtenagentur ›Neues China‹ statt. Fast alle früheren Klassenkameraden waren anwesend. Als F. in einem vergitterten Wagen ankam, drängelten sich die Schaulustigen, um einen Blick auf den Angeklagten zu erhaschen. Der Wagen hielt und F. stolperte, von einem Polizisten gestoßen, heraus. Seine Hände waren mit Handschellen auf den Rücken gefesselt, der Körper vornübergebeugt. Er kam ganz dicht an uns vorbei, erkannte uns und nickte lächelnd. Wir senkten blitzschnell die Köpfe, aus Furcht, mit ihm in Verbindung gebracht zu werden. Als alle ihre Plätze eingenommen hatten, wurde zunächst die Anklageschrift verlesen. Dann wurde F. von vier Polizisten auf ein Podest in gleißendem Scheinwerferlicht gehoben. Er war geblendet und wirkte seltsam blaß und verändert. Auch er mußte die gebeugte ›Flugzeug-Haltung‹ einnehmen und sich die Arme nach hinten hochreißen lassen. Ein paarmal versuchte er, den Kopf zu heben und in den Saal zu schauen, doch er wurde sofort wieder nach unten gestoßen. Er hatte schon Prügel bezogen und wurde die ganze Zeit über weiter geschlagen, aber trotz seiner Verletzungen im Gesicht wirkte er entspannt. Seine unbequeme Haltung versuchte er dadurch zu erleichtern, daß er die Beine weit spreizte, was ihm das Aussehen eines Torwarts vor dem Elfmeter gab.

F. war ein sehr unkomplizierter Typ. Ehrlich zu sich selbst, hatte er ein Leben frei von den Zwängen und Normen der übrigen Gesellschaft geführt, allerdings in Abhängigkeit von der Stellung seines Vaters. Deshalb stand er nie wirklich auf eigenen Füßen. Lesen und Lernen machten ihm eigentlich keinen Spaß, aber er überwand sich dem Vater zuliebe und nahm die Mühsal des Mittelschulbesuchs auf sich. Daß er nun trotzdem aus der Gemeinschaft ausgestoßen wurde, hatte wiederum nichts mit seinem eigenen Wollen zu tun, sondern mit dem Machtverlust und der Verurteilung des Vaters. Der Autodiebstahl war nichts anderes als eine Form des Protests und der Rebellion, nicht zuletzt gegen den Vater. Sein Handeln hatte eine besondere Bedeutung und seine Rebellion unterschied sich von der der Rotgardisten, denn seine Erziehung war auch anders verlaufen. In erster Linie richtete sich seine Rebellion jedoch gegen Ideologie und Politik der Kommunisten und gegen die Dogmen Mao Zedongs. In jenen Zeiten, als in China die familiären Bindungen zerrissen wurden und es nirgends mehr Halt gab, entschied F. sich gegen die Gemeinschaft. Verständnis für diese Entscheidung zur Individualität brachte damals natürlich niemand auf, und F. wurde nur als »Sohn des Hundes Peng Zhen« beschimpft. Seine eigenen Fehler spielten kaum eine Rolle.

In diesem Zusammenhang muß ich oft an die »Geschichten von den Grausamkeiten der Jugend«, einen frühen Film von Nagisa Oshima, denken oder an einige andere Nachkriegsfilme aus Westeuropa. Darin übten meist im Krieg aufgewachsene jugendliche Protagonisten in einer öden und gottverlassenen Welt Gewalt gegen sich selbst und andere aus und stilisierten sich selber zu Helden. Ihre ungebändigte Energie geriet mit den deprimierenden äußeren Umständen in Konflikt und veranlaßte die Jugendlichen zu ihrem irrationalen und selbstzerstörerischen Verhalten. Auch F. war ein solcher Jugendlicher. Dabei wären für ihn wie für die meisten aus unserer Generation ein paar verständnisvolle Worte tausendmal hilfreicher gewesen als alle jene Gesetze und Dogmen, von denen wir mehr als genug hatten. Stattdessen stahl man ihm eintausendachthundert Tage seines Lebens und steckte ihn hinter Gitter.

Manchmal stelle ich mir vor wie es gewesen wäre, wenn die Geschichte einen anderen Verlauf genommen hätte: Wir wären mit dem Auto in einen dichten Urwald gefahren, hätten alles um uns herum vergessen und einfach ein paar Augenblicke tiefsten Glücks genossen.

Zehn Jahre später sah ich F. wieder. Wir trafen uns bei G. zu Hause. Es war schummrig, F. hatte seine Füße auf den Tisch gelegt und paffte Zigaretten der Marke ›China‹. Sie rochen stockig, er murmelte eine Erklärung und bot mir eine an. Er sagte, daß er inzwischen als Elektroschweißer in einer kleinen Klitsche am Straßenrand arbeite. Der Vater sei immer noch nicht ›befreit‹ von seinem falschen Bewußtsein. Sonst erzählte er nichts. Ich fragte nicht nach seiner Haft. F. redete und lachte immer noch sehr laut, aber sein Lachen war mit ihm gealtert. Ich bekam den merkwürdigen und beängstigenden Eindruck, ich redete mit seinem Double, nicht mit ihm selber. Nach diesem Treffen sind wir uns nie wieder begegnet. Ich hörte nur noch, daß er ein reicher Manager geworden sein soll; vielleicht ist dies aber auch nur ein Gerücht. Die Hauptsache ist freilich, daß er sich jetzt wieder als der Sohn Peng Zhens zu erkennen geben kann, ohne Repressalien befürchten zu müssen. Früher hatte er keine Wahl und versuchte trotzdem, sein Leben selber zu gestalten. Heute hat er die Möglichkeit zur Selbstbestimmung, doch vielleicht ist es dafür inzwischen zu spät. Je älter der Mensch wird, desto mehr passen sich seine Wunschträume der Realität an, was an der Gesellschaft liegt, aber auch an ihm selbst. Ein Zeitalter ging dahin wie der Wind, doch was ich von F. in Erinnerung behalten werde, ist sein Lachen, so generös und gelassen, als er damals zur Gerichtsverhandlung aus dem Auto gestoßen wurde. Das war wirklich rebellisch, denn er war wirklich jung.

Obwohl F. bei seinen Verhören beharrlich geschwiegen hatte, wurde ich wie einige andere Leute in die Sache hineingezogen, weil die Polizei herausfand, daß er am Morgen vor dem Diebstahl noch mit mir telephonierte. Er fragte, ob ich Lust zu einer ›gemeinsamen Unternehmung‹ hätte, doch ich sagte wegen einer Erkältung ab. Ich habe lange überlegt, wer den Polizisten wohl diese Information gesteckt hatte, denn F. gab keine Namen preis. Wie sich herausstellte, war es ›Jugendliche Schönheit‹ gewesen, der F. verriet und ihm diese hohe Strafe einbrockte.

Als sich dies alles ereignete, hatte Mao bereits wieder zum Schulbesuch bei ›Fortsetzung der revolutionären Aktivitäten‹ aufgerufen – eigentlich ein Widerspruch in sich. Gleichzeitig teilte Mao Mittelschüler und Studenten Gruppen von Arbeitern zu, die sich ›Arbeitertrupps zur Propagierung der Mao-Zedong-Ideen‹ nannten und die Parolen ausgaben: »Die Arbeiterklasse erobert alle Bastionen und errichtet neue Kampfarenen« und »Wir kommen und werden nie mehr weichen, die Eroberung geht nie zu Ende!« Selbst meist ohne jede Schulbildung, übernahmen die Arbeiter tatsächlich die Aufsicht über die Schulverwaltungen und unterstellten die Gebildeten oder in Ausbildung Befindlichen ihrer Kontrolle. Das war eine jener glorreichen Ideen, die Maos Hirn entsprangen. Die alten Stadt- und Provinzregierungen hatte man inzwischen durch Revolutionskomitees ersetzt, was aber an der politischen und gesellschaftlichen Instabilität im Land nichts änderte. Viele der früheren Kader waren liquidiert worden, saßen in Umerziehungslagern, Gefängnissen oder den winzigen ›Kuhställen‹ der jeweiligen Einheiten. Die Fraktionskämpfe zwischen verschiedenen Gruppierungen weiteten sich aus, immer häufiger kam es überall im Land sogar zu bewaffneten Auseinandersetzungen. Gewalt war seit Ausrufung der Kulturrevolution zu einem legitimen Mittel im ideologischen Kampf geworden. Maos alte Devise »Allein mit der Kraft des Geistes und ohne Waffengewalt den Sieg erringen!« hatte seine Ehefrau Jiang Qing umformuliert: »Was müssen wir tun, wenn wir angegriffen werden? Wir müssen unseren Geist und unsere Waffen einsetzen!« Freilich konnte damals jeder Gewalt als Mittel der Selbstverteidigung ausgeben, was die Situation weiter zuspitzte. Schließlich griffen sogar die regulären Truppen in die Auseinandersetzungen ein.

Als ich 1968 nach Baiyangding in der Provinz Hebei unweit Pekings kam, wurde ich Zeuge eines Kampfes zweier Truppenteile, die unterschiedliche Fraktionen unterstützten. Überall patrouillierten Soldaten, errichteten Straßensperren, führten Personen- und Fahrzeugkontrollen durch und verhafteten willkürlich Leute. Ein Freund mußte auf dem Heimweg ein Kornfeld durchqueren und warf sich sofort auf den Boden, als er ein Rascheln hörte. Dann bekam er mit, wie Soldaten einige ihrer Kameraden kaltblütig hinrichteten. Das Blut der Toten sammelte sich in einer Lache direkt vor seinem Gesicht, doch er wagte sich erst im Schutz der Dämmerung aus seinem Versteck. Bevor er seinen Heimweg fortsetzte, sah er sich noch die Toten an: schreckensweite Münder und Augen, doch die Gesichter, trotz der Verletzungen, rosig. Wind strich durch die Ähren, zerzauste ihr schwarzes Haar, gab den Toten im wuchernden Grün ein nachdenkliches Aussehen. Sie waren erst um die zwanzig. So abgrundtief war ihr Haß, daß sie sich gegenseitig umbrachten, noch hemmungsloser als der des übrigen Volkes.

Ich wurde eines Tages ins Haus des Arbeiterpropagandatrupps bestellt. Als ich gegen ein Uhr dort eintraf, warteten im Vorraum schon meine Klassenkameraden Zhang Xiaoxiang, G. und ›Jugendliche Schönheit‹. Jeder wurde in ein anderes Zimmer geführt, wobei ich Lehrerin Zhang entdeckte, die die Szene aus dem Hintergrund beobachtete. Sie tat sich inzwischen mit den Arbeitern ganz dicke und durfte ihre Tätigkeit als Klassenlehrerin wieder aufnehmen. Ich ahnte Böses, mein Herz zog sich krampfhaft zusammen, als sich die Tür hinter mir schloß. An einem Tisch saßen zwei vielleicht vierzigjährige Arbeiter, ich mußte ihnen gegenüber auf einer Holzbank Platz nehmen. Der Raum war von einem überdimensionalen Kohleofen völlig überheizt. Die Arbeiter unseres Propagandatrupps, alles Kraftfahrer in einer Spedition, trugen blaue Mao-Uniformen und Ballonmützen aus schwarzem Leder. Sie erhoben sich kurz von ihren Stühlen und gaben mir die Hand; sogar Tee hatten sie für mich gebrüht. Einer sagte: »Setz dich.« Ich war dankbar und erleichtert, doch als ich mich gerade hinsetzen wollte, hörte ich Geräusche aus dem Nebenraum. Dann brüllte eine Männerstimme: »Los, steh wieder auf!« Der Befehl kam aus dem Zimmer, in das Zhang Xiaoxiang gebracht worden war. Gleich darauf hörte ich Schreie und das Geheul von ›Jugendliche Schönheit‹; was man dort sprach, konnte ich nicht verstehen. In diesem Moment sprang mein Gegenüber plötzlich auf und schnauzte mich an: »Chen Kaige, gesteh!« Dabei schlug er mit der Faust auf den Tisch, der Teebecher kippte um und die heiße Flüssigkeit verteilte sich langsam über die Holzplatte.

Der Zeitpunkt ihres Loslegens schien abgesprochen, um die Wirkung auf uns zu verstärken. Es gelang ihnen. Ich erhob mich langsam, und noch ehe ich antworten konnte, schossen mir die Tränen in die Augen, ich konnte mein Schluchzen kaum noch unterdrücken. »Gesteh deine Verbrechen, Chen Kaige!« Nie zuvor war ich so angebrüllt worden, und das erste Mal in meinem Leben versuchte ich, mich so zusammenzureißen und nicht zu heulen. Wenigstens gelang es mir, nur leise zu schluchzen, doch die Tränen quollen mir aus den Augen und rannen schließlich in Strömen über mein Gesicht. Ihren salzigen Geschmack in der Kehle, wunderte ich mich, wieviele Tränen ein einzelner Mensch haben kann. Dann folgten drei Stunden, in denen ich mich in einem fort setzen und wieder aufstehen mußte. Zwischendurch ging einer der beiden Arbeiter immer wieder zum Ofen und legte nach. Doch noch schlimmer als die unerträgliche Hitze war der Gestank ihrer aus Zeitungspapier gedrehten Zigaretten, die sie während des ganzen Verhörs qualmten. Ich bekam kaum noch Luft. Ungerührt schlürften sie in großen Schlucken ihren Tee. Meine Lippen waren vor Durst ganz spröde geworden, mein Gesicht glühte, und das Hemd klebte mir am schweißnassen Rücken. Die Hitze brachte mich fast um den Verstand. Ihre Fragen kreisten in erster Linie um F.s Person, doch auch um meine eigene problematische Herkunft: »In welcher Beziehung stehst du zu F.? Weißt du, daß dein Vater ein konterrevolutionärer Verbrecher ist? Wenn du's nicht weißt, dann mach's dir gefälligst klar! Sag, ist F. der Boß eurer Diebesbande? Was, du wagst zu behaupten, du hättest keine Ahnung von dieser Sache? Was wolltet ihr mit dem geklauten Auto anstellen? Gib zu, ihr wolltet in die Sowjetunion flüchten und euer Vaterland verraten! Stimmt's? Du wagst, mir zu widersprechen? Los, steh auf und sag die Wahrheit! Ich warne dich, du sitzt Abgesandten des Großen Vorsitzenden Mao Zedong gegenüber. Er hat uns höchstpersönlich Mangos geschenkt! Doch wir haben sie nicht aufgegessen, wir haben sie eingelegt. Er ist die Rote Sonne unserer Arbeiterherzen! Wenn du nicht auf der Stelle gestehst, machen wir dich mit einem einzigen Hieb alle!«

Gegen Ende dieses Verhörs setzte schon die Abenddämmerung ein, doch es war noch nicht ganz finster, man konnte deutlich Rauch und Feuerschein aus der Kantine erkennen und die Winterbäume in ihrer schlichten Kahlheit. Das Deckenlicht erschien sehr gelb. Meine beiden Gegenüber glichen weiterhin glühendem Eisen, sprühten nach wie vor Funken. Sie streckten mir erneut die Hand entgegen, wollten, daß ich sie schüttle, sagten: »Aber du hast ja gar keinen Tee getrunken! Trink doch!«

Ungefähr zur gleichen Zeit wie ich wurden auch die anderen aus ihren Verhören entlassen. ›Jugendliche Schönheit‹ blieb ein paar Schritte entfernt stehen, so daß ich sein Gesicht nicht erkennen und nur sein Schluchzen hören konnte. Zhang Xiaoxiang sah ganz erbärmlich aus und rückte, wie üblich in unangenehmen Situationen, hektisch seine Brille zurecht. Nur G. erschien unverändert selbstsicher und stattlich, obwohl seine Familie schon einige Schicksalsschläge erlitten hatte. Keiner sagte ein Wort, und die Fahrradschlösser quietschten in der Dunkelheit besonders schneidend beim Aufschließen. Auf der Straße war es eisig, die wunderschöne Sichel des zunehmenden Mondes blinkte hoch am Himmel, doch keiner beachtete sie. Wie eine Hand aus Eis legte sich mir die schneidend-kalte Luft ins Genick.

Zu Hause angekommen, hatte ich nicht einmal mehr die Kraft, den Bekannten von meinem Verhör zu berichten. Die Eltern beide weg, die Schwester noch zu klein, sonst niemand da zum Reden – der Gedanke an Selbstmord nahm Gestalt an. Die ganze Nacht über erörterte ich im Traum mit einem fiktiven Vertrauten die sichersten Methoden der Selbsttötung. Aber ich zögerte und konnte mich zu keiner der vielen Todesarten durchringen. Irgendwann war ich dann doch tot und hörte das Jammern der Angehörigen an meinem Grab. Nicht ihre Trauer machte mich ganz fröhlich, sondern die Gewissensbisse meiner Feinde. In jener Nacht spürte ich erstmals dieses heftige Bedürfnis, es meinen Peinigern heimzuzahlen; bis heute habe ich es nicht in die Tat umsetzen können. Den bisher einzigen Ansatz zu einer befriedigenden Vergeltung erlebte ich, als ich 1974 einmal aus Yunnan nach Peking kam, um die Eltern zu besuchen. Damals war ich schon Soldat bei der VBA und begegnete in meiner nagelneuen Uniform auf der Straße zufällig Lehrerin Zhang. Sie konnte ihre Überraschung, daß einer mit meinem Familienhintergrund in die Armee aufgenommen worden war, kaum verbergen. Ich meinerseits ließ mir nicht anmerken, wie sehr ich mich über ihr Erstaunen freute. Doch sobald wir unserer Wege gingen, verflüchtigte sich auch mein Triumph wie das Bukett von Wein.

Für mich verlief die Sache mit dem Autodiebstahl schließlich im Sande. Was hängenblieb, ist ein gewisser Lebensekel und die Unfähigkeit zu unbeschwerter Fröhlichkeit. Zum Glück habe ich kein von Natur aus rücksichtsloses und brutales Wesen, so daß sich meine negativen Gedanken in Grenzen hielten. Aber was mochte Lehrerin Zhang dazu bewogen haben, F.s Verurteilung und unsere Verhöre anzuzetteln? Vermutlich war es ihre Rache für die Verhöre der Schüler, die sie auf dem Tisch stehend erdulden mußte; möglicherweise aber auch ihr übersteigertes Pflichtbewußtsein als Klassenlehrerin. ›Jugendliche Schönheit‹ jedenfalls wurde ihr Lieblingsschüler, der ihr nicht von der Seite wich, ewig lächelte und ihr nach dem Munde redete. Er stieg in Lehrerin

Zhangs Gunst, weil sein Vater bisher keinerlei Probleme bekommen und er selbst sich bei den Verhören in Sachen Autodiebstahl den Arbeitern gegenüber sehr kooperativ gezeigt hatte. Also trug er weiterhin seine Militärkluft, manchmal auch den blauen Mao-Anzug, und entfernte nur die rote Armbinde. Wie er die Hände so auf dem Rücken verschränkt hielt, sah er richtig gut aus.

Nur wenige Wochen nach F. wurde auch M. verhaftet. Der Vorwurf gegen ihn lautete: Unerlaubtes Photographieren einer streng-geheimen Militärbasis; das legte natürlich Spionage für die UdSSR nahe. Es war Lehrerin Zhang, die uns dies im Unterricht berichtete und uns davor warnte, dem Beispiel jenes ›verbrecherischen Vaterlandsverräters‹ zu folgen, dessen Abstieg schon im Alter von fünfzehn Jahren unaufhaltsam sei. Nach mehr als zehn Tagen wurde M. jedoch wegen erwiesener Unschuld aus dem Gefängnis entlassen. Als er wieder in der Schule erschien, war er ziemlich abgemagert und käseweiß. Er erzählte stockend, daß sie die Essensrationen der gestorbenen Gefangenen untereinander aufgeteilt hätten, um zu überleben. M., der in einem Hochhaus unweit der streng abgeschirmten Prominenten-Wohnanlage Diaoyutai (›Fischerinsel‹) wohnte, wo Maos Ehefrau Jiang Qing und andere ›ZK-Führer‹ residierten, hatte nur eines Tages vom Balkon aus herumgeknipst, da tauchten beim Abendessen auch schon Polizisten auf, beschlagnahmten seinen Film und verhafteten ihn. Sonst war nichts vorgefallen, was ihn zum Verbrecher qualifiziert hätte. Wahrscheinlich war er von einer Überwachungsanlage beim Photographieren erfaßt und identifiziert worden. Tatsächlich liegt Diaoyutai aber so hinter Bäumen und undurchdringlichem Gebüsch verborgen, daß man selbst von einem Satelliten aus keine Geheimnisse entdecken könnte; insofern mußte man M. wohl wieder laufenlassen. Lehrerin Zhangs ausschweifende Spionage-Anschuldigungen waren jedenfalls vollkommen haltlos. Die Polizisten gaben M. jedoch den denkwürdigen Satz mit auf den Weg: »Deine Verhaftung war gerechtfertigt, deine Freilassung ist es ebenso.« Die Sache hätte dennoch ein böses Ende nehmen können, wäre M.s Vater nicht ein anerkannter Gelehrter und ein bis dahin ideologisch unauffälliger Kader gewesen, denn Diaoyutai zu photographieren war ein noch schlimmeres Verbrechen als Spionage für die Sowjetunion. M. wurde nach seinem Wehrdienst Kameramann beim Fernsehen. Als ich ihn dort später einmal besuchte, steckte er mitten in Aufnahmearbeiten. Auf die alten Geschichten angesprochen, lächelte er nur leise. In der Schule hatten wir ihn nach dem kleinen, hell klingenden Tempelinstrument ›Hölzerner Fisch‹ genannt, in Anlehnung an seinen Familiennamen und wegen seines verschlossenen Wesens.

Damals hatten wir uns zur Vereinfachung der Revolution alle Spitznamen gegeben, in denen das Zeichen ›Fisch‹ (yu) vorkam, denn durch die Gleichschaltung der Namen konnten wir unsere proletarische Gesinnung bestens zum Ausdruck bringen. Zhang Xiaoxiang wurde beispielsweise wegen seiner starken Kurzsichtigkeit ›Blindfisch‹ genannt, andere hießen ›Glatzenfisch‹ oder auch einfach ›Alter Fisch‹ und ›Guter Fisch‹.

Blindfischs Vater, ein General der Luftwaffe, war in Ungnade gefallen, weil er sich weigerte, unter seinen Kameraden nach Klassenfeinden zu fahnden. Als man ihn vor die Alternative gestellt hatte, die Arbeit der Schergen zu unterstützen oder selber unter Anklage gestellt zu werden, zog er aus Protest gegen diese Aufforderung zum Verrat die Opferrolle vor. Mit diesem Beweis seiner soldatischen Loyalität und seines tiefen Kameradschaftsgefühls trieb er allerdings seine Frau in den Wahnsinn. Zhang Xiaoxiang blieb allein zurück und erinnerte bald kaum mehr an jenen Rotgardisten, der sich noch vor nicht allzu langer Zeit an der Durchsuchung unseres Hauses beteiligt hatte. Als er uns wieder einmal besuchte und Mutter ihm die Tür öffnete, brachte er mit hochrotem Kopf und verschämtem Blick nur ein leises »Tante ...« hervor. Er hatte panische Angst, Mutter würde ihn auf die Hausdurchsuchung ansprechen. Doch sie begrüßte ihn unverändert herzlich: »Zhang Xiaoxiang! Wie geht's dir?« Blindfisch nahm die Brille ab und sagte in seiner Verlegenheit nur knapp: »Gut.« Als Mutter ihm dann auch noch vertraulich auf die Schulter klopfte, verlor er vollends die Fassung und heulte fast los. Erst als wir später auf Literatur zu sprechen kamen, wurde er wieder munterer. Hier war er in seinem Element und redete mit der Selbstsicherheit des Wissenden sogar über Werke, die schon lange auf dem Index standen.

Gleich zu Beginn der Kulturrevolution hatte man alle Bibliotheken geschlossen. Ein Großteil der Bücher aus Privatbesitz war den Flammen zum Opfer gefallen, andere schleppten die Rotgardisten in leerstehende Lagerhäuser, die sie versiegelten. Eines dieser Lager, in dem unzählige Bände vor sich hin moderten, befand sich unmittelbar hinter unserem Wohnhof. Oft drang ich mit den wenigen mir verbliebenen Freunden im Schutz der Dunkelheit durch ein eingeschlagenes Fenster in das Lagerhaus ein und verbrachte ganze Nächte mit Lesen. Im Schein unserer Taschenlampen schmökerten wir uns durch die Bücherberge, dabei ängstlich auf verdächtige Geräusche lauschend und jederzeit bereit, uns hinter den Bücherstapeln zu verstecken. Der unangenehme Modergeruch des faulenden Papiers stach uns in die Nasen, doch was mir diese Bände gaben, war keineswegs verfault. Es waren Bücher über alle möglichen Themen, die eines gemeinsam hatten: Sie waren in China verboten und kaum noch zu finden. Das Gefühl des Abenteuers machte mir diese verbotenen Lesenächte lieber als jeden Aufenthalt in einer Bibliothek. Auch die Bücher eines Dekorateurs beim Pekinger Filmstudio und Vater eines Freundes entdeckte ich hier. Am liebsten blätterte ich jedoch in den Kunstbänden über europäische Maler und lernte so die Werke von Rembrandt, Rubens und Goya y Lucientes kennen. In jenen Nächten hauchte ich Romanfiguren Leben ein und versetzte mich in die Welt von Soldaten, Fürsten und Bauern, erlebte Kriege und Friedensschlüsse, durchfuhr wunderbare Landschaften und vergaß darüber zumindest für ein paar Stunden meine Verlassenheit. Einige Bücher, die wir besonders mochten, nahmen wir sogar mit nach Hause. Das zerbrochene Fenster, das wir als Einstieg benutzt hatten, verschlossen wir jedesmal so gut es ging von außen. So ähnlich mußte auch Zhang Xiaoxiang zu seinem Bücherwissen gekommen sein. Wenn mich heute jemand fragt, wie ich zum Film gekommen bin, weiß ich zwar noch immer keine rechte Antwort, sie könnte aber lauten: weil ich damals Romane beim Lesen in Bilder verwandelt, sie also filmisch gelesen habe, und feststellte, daß das eine tolle Sache ist.

Xiaoxiang träumte davon, eine Zeitschrift herauszugeben. Darin wollte er seine bis dahin unterdrückten Ideen endlich zum Ausdruck bringen und sich von seinen Problemen befreien. Ich glaube, er war damals verliebt. Jedenfalls verhielt er sich so, denn immer, wenn er mit mir redete, bekam ich das Gefühl, daß er in Wirklichkeit jemand anderen ansprach. Schließlich erfuhr ich, daß er tatsächlich eine drei Jahre ältere Freundin hatte, deren Familie ebenfalls ein Opfer der Kulturrevolution wurde. Ich kann mir nur zu gut vorstellen, wie ungeschickt er mit ihr umgegangen sein mag, sie mit verlegenem Lächeln aus Versehen schmerzhaft am Arm packend. Einmal bat er mich, doch noch ein paar von jenen Zimtblüten-Neujahrskuchen zu besorgen, die ihm bei uns zu Hause so gut geschmeckt hatten. Als er sie abholen kam, war er sehr in Eile, sagte, er habe eine Verabredung, und ging hastig. Hiernach habe ich ihn lange nicht mehr gesehen.

Als er einige Monate später unvermittelt wieder auftauchte, machte er einen sehr konfusen Eindruck. Ohne Umschweife erzählte er, daß er von der Luftwaffe einen Marschbefehl zum Arbeitseinsatz im Norden der Provinz Shanxi bekommen habe. Wer sich weigere, werde gewaltsam in die Züge verfrachtet und abtransportiert. Wie die Häscher freudig der Öffentlichkeit verkündeten, solle mit dieser Maßnahme dem Aufruf Maos zur ›Umerziehung durch körperliche Arbeit‹ Folge geleistet werden. Nun war Zhang Xiaoxiang auf der Flucht vor diesen Häschern, die sicher schon mit Stricken vor seiner Haustür lauerten, um ihn zu fesseln und mitzuschleppen, zu uns gekommen und bat um Unterschlupf für ein paar Tage. Meine Eltern waren beide nicht da, Freunden Quartier zu gewähren war keine Affäre, also sagte ich sofort Ja. Ich hätte nicht gedacht, daß daraus zwei Monate werden würden. Meine Schwester und ich brachten ihn im Zimmer meiner Eltern unter, wo er sich anfangs nicht herauswagte; auf die Latrine ging er nur nachts. Zu den Mahlzeiten klopfte meine Schwester an seine Tür, er öffnete einen Spaltbreit, nahm das Essen und schloß sich sofort wieder ein, und genauso machte er es nach dem Essen mit der leeren Schüssel. Die meisten Bekannten vertröstete ich auf einen späteren Besuch; die wenigen, die ich doch hereinlassen mußte, fragten natürlich nach der verschlossenen Tür. Ich erzählte ihnen irgendetwas von meiner Mutter, die das Zimmer vor ihrer Abreise abgeschlossen und den Schlüssel mitgenommen habe. Drinnen wagte Xiaoxiang kaum noch zu atmen und verharrte immer mucksmäuschenstill, bis der Besucher wieder gegangen war. Wenn ich spät nachts manchmal hineinging, um mich mit ihm zu unterhalten, saß Xiaoxiang meist auf dem Fußboden unter dem Tisch und las. Erst jetzt traute er sich auch in die anderen Räume der Wohnung, wo er jedoch auch die meiste Zeit lesend in einem Sessel verbrachte. Über seine Liebste sprach er nie mit mir, doch er wandte manchmal gedankenverloren seine Augen vom Buch ab, öffnete den Mund und träumte ein paar Augenblicke vor sich hin, bevor er den Blick wieder auf die Zeilen senkte. Dieser Zhang Xiaoxiang, der da so in seine Bücher vertieft im Lampenschein hockte, hatte nichts mehr gemein mit dem stets fröhlichen Jungen aus der Schulzeit. Einmal kam ein Anruf der Schulleitung, die sich nach seinem Verbleib erkundigte; natürlich sagte ich, ich hätte keine Ahnung. Als ich Xiaoxiang später davon erzählte, sagte er resignierend: »Es hört nicht auf.« Dann verschwand er für den Rest des Abends in seinem Zimmer. Ich war mir klar über den Ernst der Lage und die Tragweite unseres Tuns, aber ich wußte auch keine andere Lösung. Eines Abends kam es deswegen zu einem lautstarken Streit zwischen meiner Schwester und mir, worauf schließlich Xiaoxiang den Kopf aus der Tür steckte. Er hatte schon geschlafen und wirkte ohne Brille ungewohnt schüchtern. »Ihr seid nur noch zu zweit. Zankt euch doch nicht!« Es klang fast flehend. Als er wieder in seinem Zimmer verschwunden war, schämte ich mich für unsere Verletzung der Gastfreundschaft. Tatsächlich war meine Schwester die letzte Angehörige, die mir noch geblieben war.

Wenig später packte Xioxiang dann doch seine Sachen, um zu seiner Bekannten Yan nach Xinxiang zu ziehen, einem Dorf in der Provinz Henan. Beim Abschied wirkte er aufgekratzt und schrieb mir seine neue Adresse auf. Beim Abschied schüttelten wir uns sogar die Hände, was sonst so gut wie nie vorkam. Er dankte meiner

Schwester, die ihn in den vergangenen beiden Monaten wie eine Mutter umsorgt hatte, überschwenglich und genierte sich, ihr dabei in die Augen zu sehen. Erst als ich ihn zum Tor begleitete, wurde mir bewußt, daß wir uns die ganze Zeit über nicht ein einziges Mal wirklich ausgesprochen hatten. Doch da winkte er bereits zum Abschied, drehte sich um und verschwand um die Ecke der Gasse. Damals wußte ich nicht, das dies ein Abschied für immer war.

Meinen Freund G. besuchte ich zum ersten Mal zu Hause, als die Kulturrevolution ihren Höhepunkt bereits überschritten hatte. Er wohnte im Westen Pekings in einem einfachen, frisch renovierten Mehrfamilienhaus mit zwei Etagen. Am Eingang rankten sich im Sommer blaßviolette Kletterpflanzen hoch, im Hof befand sich neben einer Blumenrabatte noch ein Gemüsebeet, alles grünte und blühte und am frühen Abend war der Hof von Blütenduft erfüllt. Zwei alte Dattelbäume brachten leckere Früchte hervor. Ein Gänsepaar machte unglaublichen Lärm, wenn es sich zankte und zischend mit den Flügeln schlug. Die Tiere konnten zwar nicht fliegen, doch ihr Wächteramt übten sie mindestens so gut wie ein Hund aus.

Als ich jedoch das erste Mal zu G. kam, waren in seinem Zimmer nur sechs Grad, weil es kaum noch Kohle zum Heizen gab, und wir mußten unsere wattierten Jacken anbehalten. Unsere Atemluft bildete weiße Kondenswölkchen. G. war das jüngste von vier Kindern des Energieministers.

Einmal erfuhr ich von G.s Schwester K. ein wenig mehr über das Leben ihres Vaters. Er hatte am Langen Marsch teilgenommen, große Siege errungen und wurde vielfach ausgezeichnet. Von den Kameraden im sino-japanischen Krieg bekam er wegen seines ständig hochroten

Gesichts den Spitznamen ›Roter Zhang‹ verliehen. Kurz nach Gründung der Volksrepublik übernahm er verschiedene Führungsaufgaben in Industrie und Energiewirtschaft und gehörte zum engsten Vertrautenkreis Zhou Enlais. Trotzdem wurde dieser Mann als einer der ersten der kulturrevolutionären Kritik unterzogen. Nur weil man ihn noch brauchte, durfte er seine Arbeit im Energieministerium anfänglich fortsetzen. Als er jedoch im November 1967 von einer Dienstreise nach Osteuropa zurückkehrte, forderten ihn die Revolutionären Zellen der Hochschule für Bergbau wiederholt auf, sich einer Kritiksitzung zu stellen, was er dann gegen den Rat von Freunden auch tat. K. behielt eine tiefe Erinnerung an jenen Abschiedsabend zurück: »Als Vater aus dem Haus ging, wartete bereits ein Wagen auf ihn. Sein Mantel, den er nicht zugeknöpft hatte, flatterte im Wind. Er wandte den Kopf, winkte, dann noch ein Lachen. So folgte er ihnen erhobenen Hauptes und verließ uns.« Danach hatte sie ihn nicht lebend wiedergesehen. Er wurde eingesperrt und zehn Tage lang durch Schläge und Schlafentzug gefoltert. Seine Peiniger wechselten sich ab, und er mußte ihre Quälereien rund um die Uhr, bis an den Rand des Wahnsinns, über sich ergehen lassen. Schließlich bekam die Familie eine Besuchserlaubnis, und der älteste Sohn machte sich auf den Weg. Beim Anblick des Vaters mit seinem halbseitig rasierten Schädel und dem geschundenen Körper kamen ihm die Tränen. Der Vater sagte: »Du solltest allein kommen, weil ich den anderen meinen Anblick ersparen wollte. Du bist mein Ältester und mußt ihn ertragen können.« Einige Tage darauf erhielt die Familie die Nachricht vom Tod des Vaters. Beigefügt war ein letzter Brief an Mao Zedong und Zhou Enlai, in dem er noch einmal seine Unschuld beteuerte und schrieb, daß er nichts zu bereuen habe. K. erinnerte sich noch genau an den Anblick der Leiche ihres Vaters: »Als wir gemeinsam die Leichenhalle betraten, lag Vaters blutverkrusteter Körper auf dem Boden. Er war nackt und wir sahen jede einzelne seiner Wunden. Das Grauen ließ uns erstarren, keiner konnte in diesem entsetzlichen Augenblick seinen Gefühlen freien Lauf lassen oder in Tränen ausbrechen. Als wir Vater so neben den anderen Leichen liegen sahen, starrten wir ihn nur fassungslos an.«

Offiziell hieß es, der Minister für Energie Zhang sei durch sechsundfünfzig Verletzungen zu Tode gekommen. Der Leichnam wurde eingeäschert, ein Mensch war vernichtet. Sein Tod wurde als Selbstmord deklariert, wogegen sich die Familie heftig verwahrte und den Vorgang mutig als Mord bezeichnete.

Während der Kulturrevolution waren alle Gesetze außer Kraft gesetzt. Kaum eine Hinrichtung wurde aufgrund eines regulären Gerichtsverfahrens vollstreckt, hingegen war Lynchjustiz an der Tagesordnung. Meist aus persönlichen Motiven wurden Menschen von Menschen durch Folter zu Geständnissen gezwungen, ermordet oder in den Selbstmord getrieben. Bis heute konnten nur die wenigsten dieser Todesfälle aufgeklärt werden, da die meisten Morde als Suizid ausgegeben wurden und man durch eine schnelle Einäscherung der Leichen alle Spuren verwischte. Warum aber lag den Angehörigen, über den Wunsch nach Gerechtigkeit hinaus, so viel daran, die Wahrheit herauszufinden und Beweise für die Beteiligung Dritter am Tod ihrer Verwandten zu sammeln? Oder anders gesagt, aus der Sicht der Täter: Warum war der Selbstmord der Opfer ein größeres Verbrechen als ihre Ermordung? Die Erklärung ist einfach: Weil jeder einzig im Kollektiv überleben durfte und jeder die Verstoßung aus dem Kollektiv fürchtete, galt Selbstmord als eigenmächtiges Verlassen dieses Kollektivs und damit ebenso als Herabwürdigung dieser Furcht wie als Verunglimpfung der Massen. Deshalb war Selbstmord, der das trügerische Gefühl der Sicherheit der Massen erschüttern konnte, das schlimmstmögliche Verbrechen überhaupt. Deshalb auch versuchten die Hinterbliebenen nach Kräften, die Verstorbenen zu rehabilitieren vom Verdacht des Selbstmordes, den die Mörder erweckt hatten, um ihre Opfer noch mehr in Verruf zu bringen. Während die einen den endgültigen Ausstoß ihrer Feinde aus dem Kollektiv beabsichtigten, hatten die anderen also nichts anderes im Sinn, als deren Mitgliedschaft im Kollektiv auch über den Tod hinaus sicherzustellen, denn damals war es ein unumstößliches Gesetz: »Selbstmord ist der Bruch mit der Volksgemeinschaft wie mit der Partei.« Daher ertrugen viele Menschen auch die fürchterlichsten Foltern, um keinerlei Handhabe zu liefern, sich oder ihre Frauen und Kinder für immer aus dieser Gemeinschaft ausschließen zu lassen. Kein Wunder also, daß nicht die Täter den Selbstmord ihrer Opfer fürchteten, sondern deren Angehörige; so dachten auch die Opfer selbst.

In Wirklichkeit gab es in der Kulturrevolution kaum Unterschiede zwischen den Todesarten, Selbstmord war nur Mord in einer anderen Form. Hinterher bemühte sich die Öffentlichkeit dann nach Kräften, die Toten dadurch zu ehren, daß sie sie alle zu Ermordeten deklarierte und damit auch den Hinterbliebenen Seelenbalsam verabreichte. Tatsächlich hatten alle, Täter wie Opfer, ihre Freiheit eingebüßt. Wie jene auch immer zu Tode gekommen sein mochten: letzten Endes war es immer Mord. Das Schicksal des Schriftstellers Lao She ist ein gutes Beispiel für diese Art von Selbst-Mord.

Am Mittag des 24. August bin ich dem berühmten Romancier und Dramatiker im Park am Taiping-See im Norden Pekings begegnet. In derselben Nacht nahm er sich in diesem See das Leben. Tags zuvor hatte Lao She gemeinsam mit anderen Kunstschaffenden in den Hallen des Konfuzius-Tempels eine der berüchtigten ›Kampfsitzungen‹ über sich ergehen lassen müssen; seine Bücher und die Requisiten des Theaters, das kurz vorher noch seine einst von der KP gefeierten Stücke aufgeführt hatte, waren verbrannt worden. Der Wind trug die Asche ebenso über die Mauern des Tempels wie die Schreie der Gepeinigten. Lao Shes Wunden hatte man nur notdürftig verbunden und ihn sofort einer weiteren Kritikveranstaltung mit weiteren Foltern zugeführt. Völlig zerschunden kam er erst im Morgengrauen nach Hause. Dabei unterstützte Lao She, Angehöriger der Mandschu-Nationalität und einer der wenigen Autoren aus der Republikzeit, die auch nach Gründung der Volksrepublik noch aktiv und erfolgreich waren, die Kommunisten, vermutlich aus Dankbarkeit für die Hilfe der Partei gegenüber seiner verarmten Familie. Die Werke des am Ende der späten Qing-Dynastie aufgewachsenen Schriftstellers behandelten fast immer die vorrevolutionäre Zeit. Nach Reisen durch Europa und Amerika und einem mehrjährigen London-Aufenthalt war er gleich nach der Machtübernahme der Kommunisten einem Aufruf Zhou Enlais an die ›Übersee-Soldaten‹ gefolgt und aus den USA in die Volksrepublik zurückgekehrt. Es gab nur wenige Schriftsteller, die wie er den Ehrentitel ›Kunstschaffender des Volkes‹ verliehen bekamen – allerdings erst postum.

Die Stockhiebe der Rotgardisten hatten nicht nur die Haut seines Rückens zerfetzt, auch der in seinen Werken immer wieder beschriebene Stolz der Einwohner Pekings war an jenem Tag gebrochen worden. Diese Erniedrigung Lao Shes, der eine ähnliche Szene, wie sie ihm nun am eigenen Leib widerfuhr, schon viele Jahre zuvor in einem seiner Romane beschrieben hatte, kam der Auslöschung dieses feinsinnigen und stolzen Menschen gleich.

Als man ihm die Seele aus dem Leib prügelte, erlitt der Autor dasselbe Schicksal wie eine seiner Figuren.

Der von Zedern dicht umstandene Taiping-See lag in der Nähe unseres Wohnhofs und ich war oft in diesem ruhigen Hain. Auch an jenem 24. August spazierte ich wieder einmal mit einem Freund durch den fast menschenleeren Park. In der Ferne beobachteten wir aufsteigenden Rauch aus Fischerhütten, in denen gerade das Essen zubereitet wurde. Da kam uns ein sauber gekleideter Mann mit stark geschwollenem Gesicht und schleppendem Gang entgegen. Als er an uns vorüberging, hielt ich ihn für einen etwas kauzigen Alten. Er trug keine Brille, in der Hand hielt er ein Buch – es muß der später in den Medien immer wieder erwähnte Band mit den Gedichten Mao Zedongs gewesen sein, den er angeblich bis zuletzt bei sich hatte. Der alte Mann mit dem nachdenklichen Gesichtsausdruck nahm keine Notiz von uns. Doch mein Freund hatte ihn erkannt: »Das ist doch Lao She!« – »Bist du sicher?« fragte ich zweifelnd. Mein Freund war sich ganz sicher. Natürlich wußten wir nicht, was am Vorabend geschehen war und was am selben Tag noch passieren würde. Seine Leiche fand man am nächsten Morgen im See, worauf sich sofort unzählige Schaulustige einfanden. Der Körper wurde in einer löchrigen Reisstrohmatte weggekarrt. Außer besagtem Buch hatte der Tote noch einen Füllfederhalter bei sich, seine Lesebrille und einen Spazierstock. Ein Parkwächter meinte sich zu erinnern, daß der alte Mann rastlos bis nach Mitternacht durch den Park gelaufen sei. In den ersten Tagen nach Lao Shes Tod ertränkten sich mehr als ein Dutzend Menschen aus den unterschiedlichsten Motiven an derselben Stelle, an der der berühmte Dichter gestorben war. Die Familie erhielt wenig später von der zuständigen Propagandaeinheit lediglich ein lapidares Schreiben mit der Mitteilung, daß »Lao She mit der Gemeinschaft des Volkes gebrochen und seinem Leben selbst ein Ende gemacht« habe.

Lao She war ein Künstler, der dank seiner Intelligenz und Selbstdisziplin gelernt hatte, seine Feder als Waffe einzusetzen. Die von ihm geschaffenen Figuren sind unvergänglich, und der in einem seiner Werke geäußerte Gedanke »Ich liebe mein Land, doch wer liebt mich? ... Wer ist es, der meine Existenz zerstören will?« wurde zum Inbegriff für sein Schicksal. Die Gedichte Mao Zedongs, die man bei ihm fand, hatte er eigenhändig abgeschrieben. Welchen anderen Grund als seine Verbundenheit mit Mao sollte es geben, daß er diese Gedichte noch bei seinem Tod mit sich führte? Noch am Morgen vor seinem Selbstmord hatte er im Kreise der Familie gesagt, das Volk, der Vorsitzende Mao Zedong und vor allem sein Weggefährte, Ministerpräsident Zhou Enlai, würden Verständnis für ihn aufbringen. Doch hat das Volk ihn jemals verstanden?

Für Lao She hatte es keinen anderen Ausweg als den Freitod gegeben, um sich der erniedrigenden Folter zu entziehen. Für den bekannten Übersetzer und Gelehrten Fu Lei und seine Frau hingegen hätten durchaus Alternativen offengestanden. Fu Lei war einer der Letzten, die man zu Recht noch als Universalgelehrte bezeichnen darf. Sei es Malerei, Musik, Literatur oder irgendein anderes Gebiet der Kunst und Kultur, sei es klassisch oder modern, chinesisch oder ausländisch – er war auf allen Gebieten bewandert. Als junger Mann hatte Fu Lei in Paris Kunstgeschichte studiert und nach seiner Heimkehr als Archäologe und Kunstwissenschaftler gearbeitet. Doch bereits nach kurzer Zeit, in der er mehrfach seine Arbeitsstätten gewechselt hatte, weil ihm die Anpassung schwerfiel, entschied er sich für den Rückzug aus der Arbeitswelt und für die freie Übersetzertätigkeit. Unter den fünfzehn Bänden mit seinen gesammelten Übersetzungen sind Werke bekannter französischer Autoren wie Voltaire, Balzac, Mérimée und Romain Rolland. Innerhalb von dreißig Jahren kamen so mehr als fünf Millionen Wörter zusammen, was seine Verurteilung als »bourgeoiser Intellektueller« im Zuge der Rektifizierungskampagne von 1957 nicht weiter verwunderlich erscheinen läßt.

Wegen dieser Ächtung des Vaters emigrierte Fu Zhong, der älteste Sohn Fu Leis, zuerst nach Polen und später nach England, wo er ein bekannter Pianist wurde. Sein Briefwechsel mit dem Vater ist mittlerweile in mehrfacher Auflage in Buchform erschienen. Der Übersetzer äußerte sich darin beispielsweise über das Wesen der Musik: »Vergleicht man die Musik mit der Architektur, wird man feststellen, daß Musik zwar keine äußere Form, jedoch ein unvergleichliches Volumen besitzt. Dieses macht sie ebenso fühlbar wie ein Bauwerk und gibt ihr Substanz.« Mir fiel beim Lesen auf, daß in seinen Briefen immer wieder das englische Wort ›perfection‹ auftauchte, das Fu Lei nicht nur auf die Kunst, sondern auf das Leben überhaupt bezog: Sein Tagesablauf begann regelmäßig morgens um acht Uhr, er arbeitete zwischen neun und halb eins und kehrte nach einer kurzen Mittagspause pünktlich um vierzehn Uhr wieder an seinen Schreibtisch zurück, wo er ohne Unterbrechung bis neunzehn Uhr arbeitete. Nach dem Abendessen erledigte er bis tief in die Nacht seine Korrespondenz oder verbrachte seine Zeit mit Lesen. In seiner unerschütterlichen Akribie, mit der er das Schreibpapier in der Mitte des Tisches, die französischen Wörterbücher zur Rechten, die zu übersetzenden Texte zur Linken und Feder und Tinte an der Kopfseite aufbaute, glich Fu Lei einem General, der seine Truppen in Stellung bringt. Er ging ganz auf in der Welt seiner Bücher und war vollkommen unsentimental, dabei distinguiert und rechtschaffen.

Diese Aura der Perfektion eines vornehmen Edelmannes umgab ihn auch noch über den Tod hinaus.

Zeit seines Lebens wurde er zwar nie mißhandelt, er mußte sich aber ebenfalls eine Hausdurchsuchung gefallen lassen. Sie dauerte drei Tage und vier Nächte. In einem alten Koffer entdeckten die Rotgardisten dabei ein gerahmtes Photo des verhaßten Kuomintang-Führers Chiang Kaishek. Der Koffer gehörte ursprünglich einer Tante Fu Leis, die ihn einst bei ihm deponiert und nicht wieder abgeholt hatte. Während all dieser Jahre schaute natürlich niemand hinein, Fu Lei konnte von dem inkriminierenden Photo also gar nichts gewußt haben. Aber es wäre vergebliche Liebesmüh gewesen, dies den aufgebrachten Rotgardisten, die sich wie Aasgeier auf solche Beute stürzten, glaubhaft machen zu wollen, und so ließ er es bleiben. Fu Lei erhängte sich zusammen mit seiner Frau Zhu Meifu am Abend des 2. September 1966 in ihrer Wohnung. Gewissenhaft hatten sie Decken unter den Stühlen ausgebreitet, von denen sie springen wollten, damit die eine Etage tiefer wohnende Hauswirtin nicht vom Lärm der umfallenden Stühle geweckt würde. Am Vortag hatte Zhu Meifu die Wirtin noch gebeten, etwas weniger für sie einzukaufen. Der hinterlassene Abschiedsbrief war weder eine Erklärung des Photo-Fundes noch ein politisches Testament. Fu Lei schrieb nur, daß es für ihn schwerer sei, Schmach zu ertragen als ein Leben im Gefängnis fristen zu müssen. Akribisch regelte er dann noch unerledigt gebliebene Kleinigkeiten wie die Zahlung der Monatsmiete oder die Rückgabe einer geliehenen Uhr, und er vergaß auch nicht, 53.30 Yuan für die Feuerbestattung beizulegen, deren Durchführung er einem Neffen als einzigem verbliebenen Verwandten auftrug, denn die Söhne lebten derzeit im Ausland.

Anders als Lao She hatte Fu Lei nie auf das Verständnis seiner Umwelt gehofft. Die Maßstäbe für sein Leben wie den Zeitpunkt für seinen Tod setzte er selbst und bewahrte sich so seine Freiheit. Natürlich war auch Zorn ein Auslöser für seinen Selbstmord, wichtiger jedoch scheint mir sein Stolz, der ihn die Erniedrigung nicht ertragen ließ. Den Tod empfand er nur als einen Schritt über die Schwelle in einen anderen Raum, und kein Hoffnungsschimmer zeichnete sich in seinem letzten Brief ab, vielleicht, weil er allen seinen Hoffnungen schon in seinen Übersetzungen Gestalt verliehen hatte. Der Selbstmord einer wirklichen Persönlichkeit gleicht dem Abfallen einer Blüte bei zu großer Erschütterung: ihr Duft wirkt nach.

Auf mich übte der Gedanke an Selbstmord seit meiner frühesten Jugend eine geheimnisvolle Anziehungskraft aus, denn Geburt und natürlicher Tod sind keine freien Entscheidungen. Für den Schritt in den Freitod gibt es eigentlich nur zwei gute Gründe. Der eine Grund ist, die Verwirklichung im Leben unerreichbarer Ideale in der Vernichtung des eigenen Lebens anzustreben, in der Hoffnung, anderen möge dies ein Ansporn zur Verwirklichung derselben Ideale im Diesseits sein. Der andere Grund ist die Flucht aus gesellschaftlichen Verhältnissen, die den Menschen übel mitspielen. Selbstmörder der ersten Art werden von der Welt als Verrückte angesehen, die der zweiten Art entweder als Verräter geschmäht oder als Märtyrer gefeiert. In der chinesischen Geschichte gibt es kaum Fälle der ersten Kategorie; aber allzu viele sind es freilich in der zweiten. Bei der späteren Aufarbeitung der Kulturrevolution wurde schließlich nicht mehr zwischen Märtyrern und Verrätern unterschieden. Fu Lei glich den tragischen Helden aus der Antike.

An einem Wintermorgen des Jahres 1968, sechs Uhr war gerade vorüber und es war noch stockfinster, wurde ich von einem heftigen Klopfen an unserer Haustür geweckt.

Ich sprang sofort aus dem Bett und sah einen Schatten vor dem Fenster. Das Herz schlug mir bis zum Hals und das Wort ›Hausdurchsuchung‹ schoß mir durch den Kopf, da hörte ich den Kleinen Ning von gegenüber schreien: »Kaige, schnell! Komm schnell rüber, Mutter hat sich aufgehängt!«

Die Mutter des Kleinen Ning war Drehbuchlektorin und hatte lange Zeit mit meiner Mutter zusammengearbeitet. Unsere Familien kannten sich gut, und wir Kinder waren befreundet. Sie war ein paar Jahre älter als meine Mutter und hatte früher an den Untergrundaktionen der Studenten gegen die KMT teilgenommen, wobei sie schließlich in Gefangenschaft geriet. Nur mit viel Glück gelang es ihrer Familie, die Tochter aus dem Gefängnis freizukaufen, was in der Kulturrevolution als Anlaß genügte, um sie als Verräterin zu brandmarken. Ähnlich wie mein Vater wurde auch der Vater des Kleinen Ning verhaftet und in ein Umerziehungslager gesteckt. Im Geiste Lu Xuns erzogen, trat er bereits früh in die Kommunistische Partei ein, ohne nach deren Machtübernahme Kaderaufgaben zu übernehmen. Stattdessen widmete er sich der Malerei. Seine Filmdekorationen waren sehr begehrt und deshalb auch ohne irgendeine Kaderfunktion im Apparat durchzusetzen. Klein Ning, drei Jahre jünger als ich, und seine jüngere Schwester, Klein Qing, kannte ich schon als süße rundliche Babys.

Als ich an jenem Morgen in die Wohnung von Klein Ning gestürzt kam, hatte er mit Hilfe seiner Schwester die Leiche der Mutter bereits heruntergeholt und auf den Boden gelegt. Wir zerrten ihren leblosen Körper aufs Bett und nahmen ihr das Tuch ab, mit dem sie ihr Gesicht bedeckt hatte. Ihre Züge waren ruhig und entspannt; sie mußte ihren Tod von langer Hand geplant haben und schien mit sich im Reinen. Klein Ning und seine Schwester hatten die Nacht, auf die ausdrückliche Bitte der

Mutter hin, mit ihr zusammen im selben Zimmer geschlafen. Als Klein Ning um sechs Uhr vom Schellen des Weckers wach wurde, brannte das Licht; das Bett der Mutter war leer. Der Lichtschein erhellte auch das Nebenzimmer, wo Klein Ning den an einem Schal baumelnden Körper entdeckte. Sie hatte den Kopf mit einem weißen Tuch verhüllt, um ihren Kindern einen noch größeren Schock zu ersparen. Das Kleine Rote Buch mit den wichtigsten Sentenzen Maos und einen Anstecker mit seinem Konterfei hatte sie ordentlich auf den Schreibtisch gelegt, wo die Sachen im Lampenlicht blutrot erstrahlten. Klein Nings Mutter hatte bereits zwei Monate zuvor einen Selbstmordversuch unternommen. Seine Schwester kam damals gegen zehn Uhr vormittags zu uns gerannt und rief in heller Aufregung: »Mama will einfach nicht aufwachen! Sie muß doch zur Arbeit ...« Meine Mutter, die zufällig im Hause war, lief eilig mit hinüber und brachte Klein Nings Mutter schnell ins Krankenhaus, wo sie gerettet werden konnte. Man fand gleich heraus, daß sie versucht hatte, sich mit Schlaftabletten das Leben zu nehmen. Seither stellte Klein Ning sich jeden Morgen den Wecker sehr früh, um einem zweiten Versuch der Mutter zuvorzukommen; bei aller Umsicht hatte der Dreizehnjährige freilich nicht daran gedacht, daß sie sich erhängen könnte. Seine Schwester war sogar noch ein Jahr jünger, doch auch das vermochte die Mutter nicht von ihrem Vorhaben abzubringen. Nach dem ersten Versuch hatte meine Mutter ihr immer wieder ins Gewissen geredet, sie solle doch über ihre augenblicklichen Sorgen hinausdenken, was Klein Nings Mutter auch zu tun versprach. Als sie meine Mutter darum bat, ihre und die Geschichte ihres Mannes einmal den Kindern weiterzuerzählen, ahnte Mutter deshalb nicht, wie dieser Wunsch zu verstehen war. Am Abend vor ihrem Tod kam Klein Nings Mutter mit den feinsten Lebensmitteln bepackt von der Arbeit. Sie lud meine Schwester und mich und noch ein paar andere Kinder aus dem Wohnhof, deren Eltern ebenfalls in Gefängnissen und Umerziehungslagern schmachteten, zu einem gemeinsamen Abendessen ein. Es gab ein für die damaligen Verhältnisse ungewöhnlich reichhaltiges Menü, und Klein Nings Mutter machte einen frohen, ja sogar ausgelassenen Eindruck, als sie uns immer wieder auftat. Wir waren bald pappsatt und rundum zufrieden. Schließlich stand sie auf, legte noch einmal Kohlen nach und sagte, im Feuerschein stehend, sie wolle mit ihren Kindern zu ihrem Bruder in die Provinz Sinkiang im Westen des Landes ziehen und in der Landwirtschaft arbeiten, nicht mehr beim Film. Dann wandte sie sich an mich: »Kaige, du bist der Älteste hier. Die Eltern sind nicht da, da mußt du gut auf dich und die anderen Kinder achtgeben!«

Als wir uns von Klein Nings Mutter verabschiedeten, war es fast Mitternacht. Zum Abschied schenkte sie jedem von uns noch eine Tüte mit kandierten Früchten, die Sorte im Zellophanpapier, fest und weich zugleich. Mondlicht überflutete den Hof, als sie uns das Tor öffnete und uns lächelnd zunickte.

Es war das Abschiedsessen, das die Gastgeberin für sich selbst gegeben hatte. Auf dieser Welt ist der Mensch im Leben zuhause, doch wer sich in den Tod stürzen will, wird diesen Weg wählen. Viel Kummer kam zusammen, bevor sie schließlich ihren Lebensfaden abschnitt. Lachte sie beim Abschied über ihre Bitternis hinweg, um uns nicht am Leben zweifeln zu lassen, oder weil sie ganz zuletzt zutiefst glücklich war? Schenkte sie uns Süßigkeiten, um uns etwas von der Süße des Lebens kosten zu lassen, oder weil man nur Nichtigkeiten verschenken kann? Nahm sie das Abendessen zusammen mit den Kindern ein, weil sie an das Leben glaubte, oder weil es schon im Angesicht des Todes stattfand? Als sie in der eisigen Kälte und schwarzen Totenstille jener Winternacht aus der Welt, aus dem Leben schied, konnte sie sich da vorstellen, wohin sie ging? Verschwendete sie auch nur einen Gedanken an die Waisen, die sie zurückließ? Vielleicht hat sie aber auch an gar nichts gedacht. Es gab Leute, die sie für egoistisch hielten. Doch haben andere Leute in so menschenverachtenden Zeiten das Recht zu einer solchen Kritik? Plötzlich begriff ich, daß nur ein Wimpernschlag zwischen dem Leben und dem Tode liegt. Nun lag sie unter einer Wolldecke auf dem Bett, und ihr Körper erstarrte dennoch im Handumdrehen.

Weil es kaum noch Erwachsene im Wohnhof gab, riefen wir Kinder ein Taxi, das bei Anbruch der Dämmerung eintraf. Uns grauste ein wenig, als wir den schweren, schlaffen Körper hinausschleppten. Der Taxifahrer brüllte: »He, geht man so mit Kranken um?« und stieg aus, um uns zu helfen. Doch als er den Körper berührte, verdrehte er die Augen: »'ne Leiche, was?« Zehn Minuten später, in der Notfallstation des Krankenhauses, baten wir den diensthabenden Arzt um Hilfe. Doch der sagte nur kaltschnäuzig: »Wie ist sie ums Leben gekommen?« Mehr war nicht nötig, um klarzumachen: Was gibt's an einem Selbstmörder noch groß zu retten? Er machte auf dem Absatz kehrt und ließ uns einfach stehen, wandte dann aber noch einmal kurz den Kopf und sagte: »Sie ist schon seit ... vier Stunden tot.« Dieses denkwürdige Ereignis an jenem Morgen machte mir schlagartig bewußt, was es heißt, ohne Hoffnung zu sein. Ich hätte am liebsten laut geschrien. Klein Nings Mutter hinterließ keinen Abschiedsbrief.

Fünf Jahre später, auf Heimaturlaub aus Yunnan, besuchte ich Klein Nings Vater, der im selben Krankenhaus lag, in das wir damals seine Frau gebracht hatten. Er freute sich über mein Kommen und brachte mühsam hervor: »Kaige, du bist wieder da ...!« Sein Lächeln erinnerte mich an das seiner Frau am Abend vor ihrem Tod. Er starb am nächsten Morgen. Von da an war Klein Ning für seine Schwester Vater, Mutter und großer Bruder in einem. Er wurde Fabrikarbeiter und verdiente gerade genug, um sich und seine Schwester mehr schlecht als recht zu ernähren. Seine Leidenschaft war die Photographie, doch er machte sie nie zu seinem Beruf. Von zusammengespartem Geld konnte er später noch an der Tokioter Filmhochschule das Fach Kamera studieren, kam jedoch nie zum Film. Ich besuchte ihn zweimal in Tokio und stellte fest, daß er von Mal zu Mal ausgemergelter wirkte und sogar schon seine Zähne verloren hatte. Er arbeitete bis zum Umfallen und war sehr kollegial, auch wenn er sehr genau wußte, wer seine wenigen wirklichen Freunde waren. Aber er ließ andere nie erfahren, was er mitgemacht hatte, und nur einmal gestand er meiner Mutter, mit dem Finger auf sein Herz deutend: »Tante, mir geht's nicht besonders.« Mutter steckte ihn daraufhin einfach ins Bett und ließ ihn sich ausschlafen. Manchmal brachte er teure Süßigkeiten mit nach Hause, die er selber nicht anrührte; ihm genügte, seiner Schwester beim Essen zuzusehen. Klein Qing ist Malerin geworden und lebt heute in den USA.

Nur was man am eigenen Leibe erfahren hat, kann man wirklich verstehen. Obwohl ich mit Klein Ning und seiner Familie befreundet war, fand ich nie völligen Zugang zu ihnen. Er war einer der bewundernswertesten Menschen, die ich je getroffen habe, einer, der das Beste aus seinen Fähigkeiten zu machen vesuchte. Doch das Schicksal nahm keine Rücksicht auf ihn.

Vor einem Jahr, an einem sonnigen Wintertag, ist auch meine Mutter gestorben. Sie hatte bis zuletzt gelitten, und der Tod war eine Erlösung für sie. Ein paar Stunden vor ihrem Tod sah sie einige Krähen vor ihrem Sterbezimmer kreisen. Sie gelten in China als Unglücksboten, doch Mutter flüsterte nur schwach: »Krähen sind doch auch Vögel. Außerdem sind es Pekinger Vögel ...« Das war am Silvestertag des Jahres 1988.

Als G.s Vater zu Tode kam, war es tiefster Winter. Sofort hatte man der Familie die Kohleration gekürzt, so daß das zweistöckige Gebäude nur noch von einem einzigen kleinen Ofen beheizt werden konnte. Mit der zunehmenden Kälte in den Räumen sank auch die Stimmung in der Familie auf einen Tiefpunkt. Eines morgens vermißte man einen Teller voll Dampfbrötchen, der am Vorabend in einen Schrank gestellt worden war. Da keiner eine Erklärung für das Verschwinden hatte, meinte G.s Schwester K., es müsse wohl der Geist des Vaters gewesen sein, der jetzt zurückgekehrt sei. Als K.s ältester Bruder dann gestand, daß er die Mantous stibitzt habe, konnten alle endlich wieder einmal lachen.

Unverhofft wandelte sich dann das Schicksal der Familie Zhang zum Besseren. Auslöser dafür war die Heirat K.s, der 1944 geborenen einzigen Tochter. Als Prinzessin aufgewachsen, hatte die Studentin der Ingenieurwissenschaften bis zum Ausbruch der Kulturrevolution keinerlei Sorgen. Sie war sportlich und burschikos, lachte gern und viel und ließ dabei ihre weißen Zähne blitzen. Klug und temperamentvoll, setzte sie meist unnachgiebig ihren Kopf durch, wobei sie jedoch stets aufrichtig und im Grunde gutmütig war, eine eigenartige Mischung aus weiblicher Schönheit und männlicher Direktheit. Wie ein Feuer konnte sie ihre Mitmenschen sowohl wohlig wärmen als auch tödlich verbrennen, deshalb brachten auch nur die wenigsten Menschen die Geduld auf, sie richtig kennenzulernen und wirklich Freundschaft mit ihr zu schließen. Doch auch diese engen Freunde konnten ihre Temperamentsausbrüche nur schwer ertragen. Selbst nach dem Tode ihres Vaters war sie noch immer zur Ausgelassenheit fähig, ganz im Gegensatz zu ihrem auffällig ruhigen jüngeren Bruder G.

K.s Ehemann war ein Kommilitone von ihr, der Sohn des Politbüromitglieds Qiu Chengzuo, einem für Logistik zuständigen General aus Lin Biaos Leibgarde. Für den jungen Qiu war es eine Liebesheirat, denn aus der Verbindung zu einer als konterrevolutionär eingestuften Familie konnte er sich keinerlei Vorteile erhoffen. K. hingegen hatte mit Sicherheit auch das Schicksal ihrer Angehörigen im Hinterkopf, als sie sich, ohne lange zu fackeln, auf diese Ehe einließ. Und so stiegen die Geschwister K.s von einem Tag zum anderen zu beneideten VBA-Offizieren auf, und auch die Lebensumstände der übrigen Familienmitglieder verbesserten sich. Auch K., die schon bald eine Tochter zur Welt brachte, fing bei der Armee an und wurde die Sekretärin eines hochrangigen Kaders. In den zwei Jahren bis zum Tode Lin Biaos am 13. September 1971 erreichte die Familie Zhang wieder einen Lebensstandard, bei dem es der einst durch die Position des Vaters verwöhnten Familie an nichts fehlte.

An jenem Tag hatte Lin Biao sich mit einem Flugzeug in Richtung Sowjetunion abgesetzt und war über der Mongolei tödlich verunglückt. Dieses Ereignis bedeutete einen Schock nicht nur für Mao Zedong, sondern für ganz China. Qiu Chengzuo wurde der Beteiligung an der Affäre zunächst nur verdächtigt, verblieb aber bis zu seinem Gerichtsverfahren 1980 in Haft. Auch sein Sohn wurde wegen Mitbeteiligung in Untersuchungshaft gesteckt. Während dieser Zeit unterstützte K. so gut sie es vermochte ihren Mann, ermutigte ihn und setzte sich für ihn ein. Sie schrieben sich regelmäßig Briefe, die sie eigentlich sofort vernichten wollten; er jedoch nähte sie ins Futter seiner Kleidung ein.

Ich kenne K.s Ehemann nur vom Hörensagen. So erzählte K. mir einmal, daß er schon immer sehr impulsiv gewesen sei und im Streit auch schon mal mit x-beliebigen Gegenständen nach seiner Mutter geworfen habe; seine Beziehungen zu Vorgesetzten und Untergebenen kann man sich ausmalen. Seine Position hatte er ohnehin nur der Stellung seines Vaters zu verdanken, Selbstwertgefühl wie Machtinstinkt beruhten allein auf dessen Persönlichkeit, kurz: seine ganze Existenz hing von ihm ab. Als der junge Qiu dann eines Tages aus dem Gefängnis floh, reagierte alle Welt ganz überrascht auf diese eigenständige Aktion, die seinem bisherigen Lebensverlauf so ganz und gar widersprach.

Qiu war verhaftet worden, ohne daß ein konkreter Straftatbestand vorlag, man hatte ihn in einer Zelle eines Pekinger Krankenhauses festgehalten. Täglich brachte ihm eine junge VBA-Krankenschwester sein Essen. In seiner ungewissen und von der Entwicklung des Falles seines Vaters abhängigen Situation, die ihn fast um den Verstand brachte, entwickelte er in der Einsamkeit seiner Gefangenschaft ausschweifende erotische Phantasien, flüchtige sexuelle Begegnungen mit der Krankenschwester wurden sein Lebenselixier. Das Bewußtsein von der Unerträglichkeit seiner Situation verstärkte sich dadurch freilich, und der Ausbruch war nur noch eine Frage der Zeit. Am Abend seiner Flucht löschte Qiu das Licht im Zimmer, befestigte sein Bettlaken am Fensterrahmen und seilte sich, als er sich unbeobachtet wähnte, zur Straße hin ab. Am Ende des Lakens mußte er jedoch feststellen, daß es längst nicht bis in Bodennähe reichte. Er geriet in Panik, als seine Kräfte nachließen, und fiel hinunter. Unten erwartete ihn bereits die Krankenschwester, die mit ihm fliehen wollte. Es dauerte dann aber nur knappe zwei Stunden, bis das knutschende Pärchen in einem Waldstück in der Nähe des Diaoyutai-Viertels aufgegriffen wurde, was für die Polizei mit einigen Straßensperren, Hausdurchsuchungen und Befragungen getreu dem alten Sprichwort »Schnappst du einen Ehebrecher, kriegst du sie am Ende beide« ein Leichtes gewesen war. Man verlegte Qiu nun in ein besser gesichertes Gefängnis.

In China ist es nicht leicht nachvollziehbar, daß jemand um purer sexueller Befriedigung willen ein so großes Risiko auf sich nimmt, und keiner glaubte an eine romantische Beziehung, denn war Geschlechtsverkehr am Fuße der Mauer des Parteiwohnsitzes nicht so etwas wie Mordversuch? Doch Qiu hatte genau das getan, und noch dazu so ungeschickt, daß man ihn sofort entdeckte und er nun für seinen kurzen Moment des Glücks schwer büßen mußte: er wurde wegen Beteiligung an der Lin-Biao-Affäre zu elf Jahren Arbeitslager und zu Ausschluß aus Partei und Armee verurteilt. Man verbannte ihn nach Qinghai, wo er auf dem kargen Hochplateau im Westen Chinas endlose Winter und glühende Sommer hindurch ein Dasein als Pferdehirt bei der Armee fristete. Auch die Krankenschwester wurde wegen Mittäterschaft verurteilt, obwohl sie Qiu erst nach dessen Anklage kennengelernt hatte. Qiu riß sich bei der Urteilsverkündung seine Jacke auf und übergab dem Richter die eingenähten Briefe seiner Frau, wodurch er schließlich auch noch sie ins Unglück stürzte.

K. kam erst 1975 aus der Haft frei. Sie rechtfertigte den Verrat ihres Mannes damit, daß ihn damals die Furcht vor einer Trennung von seiner Familie fast aufgefressen und zu diesem irrationalen Verhalten getrieben habe. Schließlich kam es aber doch zur Scheidung. Die mittlerweile fast erwachsene Tochter, ein ebenso schönes Mädchen wie einst die Mutter, hat ihren Vater nie richtig kennengelernt. Man hatte K. ohne reguläres Gerichtsverfahren jahrelang in einem Lagerhaus festgehalten, wo sie in eine kleine Kammer gesperrt wurde, ausgestattet nur mit Tisch und Bett. Einzige Lichtquelle war eine von außen mit Zeitungspapier verklebte Luke. Von der Außenwelt völlig isoliert und ohne Besucher, nahm sie Tages- und Jahreszeiten nur noch an Temperaturschwankungen und der sich verändernden Silhouette eines Baumes vor dem Gebäude wahr. Den einzigen Zeitvertreib bot die Zeitung vor dem Fensterchen, die K. wieder und wieder las, bis sie jedes Komma auswendig wußte. Sie murmelte die Artikel vor sich her, bis sie fürchtete, den Verstand zu verlieren. Doch alle Bemühungen, die Worte wieder aus ihrem Gedächtnis zu tilgen, waren vergeblich, noch im Schlaf verfolgten sie die Schriftzeichen, und sobald sie ihre Augen wieder aufschlug, waren auch die Zeichen wieder da. K. begann, diese Zeitung als ihre eigentliche Strafe zu empfinden und fing an zu schreien, bis ihr die Stimme versagte. Dann krächzte sie immer weiter vor sich hin, schließlich erklärten ihre Wärter sie nach anfänglichem Erschrecken für verrückt und kümmerten sich nicht weiter um ihre Laute. K. schrie drei ganze Jahre lang, mal lauter, mal leiser.

Nach ihrer Freilassung wußte ich kaum, wie ich mich ihr gegenüber verhalten sollte. Ich hatte Angst vor ihren bohrenden Blicken. Sie hatte ihre KP-Mitgliedschaft verloren, dazu die Arbeitsstelle bei der Armee, und blieb fortan arbeitslos.

Der Frühling ging ins Land, K. hockte die meiste Zeit am Fenster ihrer alten Wohnung und starrte angestrengt hinaus. In der Ferne sah sie den Rauch aus zahllosen Kaminen über den Dächern Pekings aufsteigen, im Hof konnte sie direkt in die Wohnung eines kinderlosen Ehepaars schauen, das erst nach dem Tode ihres Vaters dort eingezogen war. K. wußte, daß der Mann früher als Mitglied des Revolutionskomitees im Ministerium ihres Vaters an seiner Ermordung direkt beteiligt war. Diese

Leute verließen ihre Wohnung, einst für die Familie des Chauffeurs gedacht, eigentlich bloß, um zur Arbeit zu gehen. Und auch dann hasteten sie aus Angst vor den haßerfüllten Blicken von K.s Mutter nur mit gesenktem Kopf über den Hof. Andererseits dachten sie aber auch nach der Rehabilitierung von K.s Vater nicht daran, dieser unwürdigen Situation ein Ende zu machen und in eine andere Gegend zu ziehen.

Eines Tages hörte K. ein Geräusch auf dem Dach. Als sie hinaufschaute, sah sie einen jungen Soldaten, der in Richtung des gegenüberliegenden Hauses spähte. Seinen Blicken folgend, erkannte sie hinter einem Fenster die Nachbarsfrau beim Duschen. K. stieß einen Schrei aus, worauf der Kopf des Soldaten sofort verschwand. Es stellte sich heraus, daß er der Leibgarde eines benachbarten Generals angehörte, einem hohen Parteikader, der der Familie Zhang in den schweren Zeiten der Kulturrevolution oft beigestanden hatte. Auf K.s Meldung hin wurde eine Untersuchung des Vorfalls anberaumt, ein hünenhafter junger Soldat erschien am anderen Morgen und befragte die Zhangs. K. stand mit wutentbranntem Gesicht neben ihrer Mutter, als diese abwiegelte: »Ist doch gar nichts passiert! Meine Tochter muß sich geirrt haben. Es lohnt wirklich nicht, diese Sache weiterzuverfolgen und dem Genossen General Schwierigkeiten zu machen. Man darf ihn doch nicht mit solchen Lappalien belästigen! Hören Sie auf mich, ich bin eine alte Revolutionärin ...« Nachdem der lange Soldat noch ein paar fragende Blicke auf K., die nicht wagte, ihm in die Augen zu schauen, und auf ihre Mutter geworfen hatte, verließ er sie. Sobald er aus der Tür war, begann die Mutter, ihrer Tochter Vorhaltungen zu machen: »Ja, bist du denn noch gescheit? Wenn man einen Hund prügeln will, muß man sich erst erkundigen, wer der Besitzer ist! Was bezweckst du mit deinen Anschuldigungen gegen den Genossen General? Willst du ihn brüskieren? Denk doch mal an unsere Situation! Wir müssen doch froh sein, daß so ein einflußreicher Mann wie der Genosse General uns wohlgesonnen ist. Und überlege, wen du da in Schutz nimmst! Du darfst nie vergessen, daß sie die Mörderin deines Vaters ist! Willst du so einer auch noch helfen? Was macht's schon, wenn sie beim Duschen beobachtet wird?« Da hob K. den Kopf und erwiderte: »Man tut so etwas halt nicht.« Die Mutter begann zu weinen und schimpfte weiter, auch als K. schon aus dem Zimmer gegangen war.

Ich hatte die ganze Szene mitverfolgt und ging K. nach, um sie zu beschwichtigen. Sie stand mit verschränkten Armen vor dem Fenster und sagte böse: »Sie ist doch auch eine Frau, oder etwa nicht?« – »Wer? Die Nachbarin?« – »Nein, meine Mutter.«

Fünftes Kapitel
Die Grünen Berge

Im Frühjahr des Jahres 1969 machte ich mich auf eine lange Reise. Ein Freund, der zurückblieb, vertiefte sich beim Abschied in den Atlas und fuhr lange mit dem Finger auf der Chinakarte herum. Schließlich hob er den Kopf, schob seine Mütze hin und her und fragte zweifelnd: »Bist du sicher, daß das noch in China liegt?«

›Das‹ war eine dichtbewaldete Gebirgslandschaft im äußersten Zipfel Yunnans, einer Provinz im Südwesten Chinas. Das Dorf, in dem ich fortan leben sollte, lag fünftausend Kilometer von der Hauptstadt entfernt im Vierländereck zu Burma, Laos und Vietnam, wo damals noch die Amerikaner ihren Krieg gegen die Vietcong führten. Nicht selten verirrten sich Bauern auf der Suche nach ihrem Vieh über die grüne Grenze bis zu uns. In meinem Gepäck hatte ich zehn Familienpackungen Zahnpasta, zehn Pfund Süßigkeiten und einen Koffer voller Bücher. Die Bücher blieben zwei Jahre später nach meinem Eintritt in die Armee in Jinghong auf der Strecke, die Süßigkeiten überstanden nur die ersten Stunden in der subtropischen Hitze, dann waren sie weggeschmolzen. Tapfer versuchte ich, sie im Wasserbad wieder verzehrbar zu machen und gegen die Attacken von Ameisenhorden zuverteidigen. Eine Tube Zahnpasta reichte, wie ich mir vorher ausrechnete, bei täglich einmaligem Gebrauch ungefähr zehn Monate, insgesamt hätte ich mit meinem Vorrat also mehr als acht Jahre auskommen sollen. Ich blieb schließlich, meine Militärzeit eingerechnet, etwas mehr als sieben Jahre in der Fremde, aus der ich eigentlich nie mehr hatte zurückkehren wollen. Die Zahnpasta jedoch war sehr viel schneller verbraucht, denn ich putzte mir dreimal täglich die Zähne, weniger aus einem übersteigerten Reinlichkeitsbedürfnis heraus als wegen des Geschmacks, der Erinnerungen an meine Jugend und meine Heimat wachrief. Nicht nur in dieser Hinsicht empfand ich es als großes Privileg, daß ich in diesen Jahren zweimal die Erlaubnis erhielt, zum Verwandtenbesuch nach Peking zu reisen. Andere bekamen diese Chance seltener oder gar nicht, einige traten auch direkt die Reise in die Ewigkeit an.

Schon zu Zeiten von Konfuzius oder Jesus war es überall auf der Welt üblich, daß Gelehrte aufs Land gingen, um die dortige Bevölkerung zu unterrichten, ihr Gesundheitswesen aufzubauen, den Glauben zu verkündigen oder andere mehr oder weniger nützliche Dinge zu tun. Die Erfolgreicheren unter diesen Wanderern wurden sehr berühmt, andere erfreuten sich zumindest einer gewissen Achtung für ihre selbstlose Tätigkeit und viele, die bei ihren gutgemeinten Versuchen von mißtrauischen Bauern massakriert wurden, ernannte man im Nachhinein zu Heiligen. Ganz anders war es jedoch, als wir ›Jugendliche mit Schulbildung‹ millionenfach in ganz China ausschwärmten, gemäß Mao Zedongs im September 1968 verkündeter Losung: »Es ist notwendig, daß die gebildete städtische Jugend aufs Land geht, um von den ärmsten der armen Bauern ihre wirkliche Ausbildung zu erhalten.« Diese Umkehrung der historischen Gepflogenheiten wurde in den folgenden Jahren für mehr als zwanzig Millionen junger Chinesen zur rauhen Alltagswirklichkeit.

Diese Landverschickung war eine der letzten Großtaten des alternden Mao Zedong. Fragt man nach seinen Motiven, stellt sich heraus, daß es sein letzter Versuch der Gleichschaltung von Industrie, Landwirtschaft, Handel, Schule und Armee sein sollte, um das ›Paradies auf Erden‹ doch noch zu verwirklichen, was nach dem Verlauf der Kulturrevolution anders nicht mehr möglich schien. Ein anderer Aspekt war die gefährlich hohe Zahl arbeitsloser Jugendlicher in den Städten, für die man ein Ventil schaffen mußte, um neue Unruhen zu vermeiden. So dachte sich Mao diese großangelegte Landverschickung aus, in nostalgischer Verklärung seiner eigenen Jugend mit ihrer ›Bauernrevolution‹, und hoffte, auf diesem Weg die Jugend in seinem Geiste zu erziehen und ›den neuen Menschen‹ letztendlich doch noch zu erschaffen. Was er den Bauern antat, als er sie in falsch verstandener Dankbarkeit zu ›Lehrmeistern‹ erhob, war nichts Geringeres als die Halbierung der Rationen in ihren ohnehin fast leeren Reisnäpfen, die sie nun auch noch mit Fremden teilen mußten. Wir Jugendlichen jedoch, die wir uns zu Maos treuesten Gefolgsleuten zählten, fühlten uns verraten und verkauft, als wir in den Meldeämtern Schlange standen, um uns für wer weiß wie lange aus Heimat und Zivilisation abzumelden.

Für zahllose junge Leute hatte diese neue Massenbewegung des Großen Steuermanns tragische oder auch grotesk-komödiantische Folgen, als sie gezwungenermaßen oder, den Kopf voll revolutionärer Rosinen, freiwillig und enthusiastisch im ganzen Land unterwegs waren. Sie stießen an ihren Einsatzorten auf vollkommen ungewohnte Lebensumstände, die nicht selten zu inneren Konflikten führten und sie angesichts der mühseligen Arbeitsbedingungen unsanft aus ihren idealistischen Träumen rissen. So wuchs eine in der chinesischen Geschichte beispiellos verbissene, destruktive und am Leben verzweifelnde Generation heran. Diese Generation mußte feststellen, daß Fähigkeit und Wille zur Veränderung der Lebensbedingungen allein nicht genügten, um diese Gesellschaft auch tatsächlich zu revolutionieren. Es fehlte der kulturelle Wandel und die Formulierung neuer Werte, denn trotz des quantitativen Ausmaßes dieser Bewegung konnte es ihr nicht gelingen, sich qualitativ über das jahrtausendalte, konservativ-eindimensionale Weltbild der so hochgeschätzten Bauern hinauszuentwickeln, das den Jugendlichen nun als Vorbild dargestellt wurde. Das war kein Fortschritt. Soll die für eine jede Veränderung notwendige Kreativität sich einzig und allein aus Erfahrungen speisen, so kann das Ergebnis niemals deren Rahmen sprengen und wirklich revolutionär sein. Es bildete sich lediglich eine Generation heraus, noch zäher und widerstandsfähiger als die Bauern selber. Wenn der Verlauf der Geschichte ein ständiges Auf und Ab von Siegen und Niederlagen ist, worin bestand dann der vielbeschworene Erfolg jener Landverschickung?

Der Pekinger Hauptbahnhof war damals der brodelndste Ort der Welt. Täglich verließen ihn Zehntausende, noch mehr Menschen kamen an. Die Ankömmlinge reisten vielleicht am folgenden Tag schon wieder ab, ohne zu ahnen, wann sie je wieder zurückkommen würden. Alle vergossen Tränen. Alle umarmten einander, bildeten ein einziges Knäuel, sangen alte Lieder aus der russischen Revolution: »Habt acht! Das Horn bläst zur Schlacht. Legt die Uniform an und ergreift das Gewehr ...« – »Adieu, lieb Heimatland, des Sieges Stern wird unsern Weg erhelln ...« Während die Angehörigen sich die Augen ausweinten, brachten es einige Jugendliche dennoch fertig zu lachen. Für sie bedeutete diese Reise fort von Schule und Elternhaus die oft langersehnte Fahrt in die Freiheit. Einmal steckte ich einem Freund im Beisein seiner Mutter zum Abschied eine Packung Zigaretten zu, obwohl ich wußte, daß die Mutter dies unter anderen Umständen nie zugelassen hätte.

Als ich schließlich selber aufbrach, wurde ich von meinem Vater und einigen meiner wenigen Freunde begleitet, die selbst noch nicht aufs Land verschickt oder einberufen worden waren. Ein paar verrichteten auch in Pekinger Kombinaten oder in Bergwerken ihren Dienst am Volk, was sie damals zu den glücklichsten Menschen machte. Wer nirgendwo eine Einsatzstelle zugewiesen bekam, gehörte mit Sicherheit einer Familie an, die sich schwerer politischer Vergehen schuldig gemacht hatte; so jemand war nicht einmal beim Landeinsatz willkommen. Deshalb wurde ich langsam nervös, als alle meine Bekannten nach und nach abreisten und nur ich noch keinen Marschbefehl erhalten hatte. Ich wollte nicht länger auf eine Zuteilung durch meine Schule warten und entschloß mich nach ausgiebiger Beratung mit Freunden zur freiwilligen Meldung nach Yunnan. Es gab keinerlei Probleme – vielleicht, weil sie da unten noch gute Basketballer brauchten. Meine Mutter nickte zustimmend nach einem Moment des Nachdenkens über meine Entscheidung, denn ihr war klar, daß ich ohnehin gehen mußte und froh sein konnte, mir noch ein erträgliches Einsatzgebiet aussuchen zu dürfen. In Yunnan herrschte ein milderes Klima als im Norden, außerdem hatte man von dort bisher keine Berichte über Hungersnöte gehört, und wir sollten in eine einigermaßen gut versorgte Volkskommune kommen, wo wir sogar einen regelmäßigen Lohn erwarten konnten.

Ich war siebzehn Jahre alt und sah bei meiner Abreise zum ersten Mal Tränen in den Augen meines Vaters. Dreißig Jahre zuvor, damals nur zwei Jahre älter als ich, hatte auch er seine Familie verlassen. Beim letzten Händedruck spürte ich seine Schwielen, härter als die jedes

Bauern. Er hatte an jenem Tag eine Sondererlaubnis seiner Umerziehungsanstalt erhalten, mich zum Bahnhof begleiten zu dürfen. Nun lief er neben dem anrollenden Zug her, bis das Ende des Bahnsteigs ihn zum Stehenbleiben zwang. Ich stand in der offenen Waggontür und winkte und winkte. Der Zurückbleibende wurde immer kleiner und verschwand schließlich. Die im Sonnenlicht glänzenden Geleise blendeten in den Augen und schienen endlos. Erst jetzt flossen meine Tränen, so vereinzelt und so unecht wie beim Einträufeln von Augentropfen. Ich ahnte nicht, was vor mir lag und ob es ein Zurück an den Ort meiner Herkunft geben würde. Was ich vergessen wollte, hatte ich schon vergessen, noch bevor ich es hinter mir ließ. Beim ersten Schritt war ich innerlich bereits ganz leer.

Der Zug trug mich über viertausend Kilometer durch acht Provinzen Chinas. Zum ersten Mal bekam ich den Gelben Fluß und den Yangtse-Strom zu Gesicht, Hochebenen und kleine Marktflecken, die ihr ursprüngliches Aussehen bewahrt hatten. Als der Zug an einem kleinen Fluß entlang fuhr, sah ich den hellen Segeln der Dschunken nach, bis sie meinem Blick entschwanden, grüne Hügelketten erinnerten mich an jene Landschaftsmalereien, die ich früher so gern betrachtet hatte. Ein im Reisfeld arbeitender Bauer staunte dem vorüberdampfenden Zug mit offenem Mund hinterher. An der Endstation der Bahnlinie fiel mir ein verdrecktes, in Lumpen gekleidetes Mädchen auf. Es weinte herzzerreißend, doch niemand nahm davon Notiz. Wieder einmal wurde mir schlagartig bewußt, daß für mich jetzt der Ernst des Lebens begonnen hatte. Nach der viertägigen Zugfahrt stand mir nun noch eine ebensolange Busfahrt auf einer Bergstraße bevor, die sich über endlose Serpentinen wand, dem verworrenen Handlungsstrang eines klassischen Romans nicht unähnlich. Als ich endlich die Kreisstadt Jinghong knapp südlich des Wendekreises des Krebses erreichte, war es schon Nacht, überall schwirrten Glühwürmchen umher. Ich fühlte mich in eine Märchenwelt versetzt – eine wunderschöne Illusion, die sich mit Anbruch des nächsten Tages schnell verflüchtigte.

Jinghong ist der Verwaltungssitz des Autonomen Bezirkes Xishuangbanna, in dem hauptsächlich Angehörige der Dai-Minorität leben. Die friedlichen Dai-Bauern, allesamt gläubige Buddhisten, wohnen in Bambushütten und leben vom Reisanbau. Ihre Frauen tragen zumeist enganliegende, geblümte Kleider und sind bekannt für ihre Tanz- und Sangeskünste. Früher, als dieser Landstrich noch ein selbständiges Fürstentum war, wurde er nur selten von Kriegen heimgesucht. 1949 verzog die Fürstenfamilie nach Peking und kehrte nie mehr zurück; stattdessen siedelten nun immer mehr Han-Chinesen auch in dieser Gegend. Traditionellerweise legten alle männlichen Jugendlichen für zwei Jahre die saffrangelbe Mönchsrobe an und zogen sich in ein buddhistisches Kloster zurück, wo sie Lesen und Schreiben lernten und Wesentliches über ihre Nationalkultur erfuhren, denn die Dai haben eine eigene Sprache und Schrift und auch eine literarische Überlieferung. Zur traditionellen Männertracht gehörten lange Schwerter, die zur Verteidigung wie zur Feldarbeit verwendet wurden. Wasser ist das Lebenssymbol für die Dai, das alljährlich im vierten Monat des Mondkalenders mit dem mehrtägigen Wasserfest geehrt wird. Dann schmücken die Frauen und Mädchen ihr Haar mit Blumen, ziehen ihre Festtagsgewänder an und bespritzen Angehörige, Freunde und Gäste mit Wasser. Die Männer halten Bootsrennen ab, und überall überschütten pudelnasse, quietschvergnügte Menschen einander mit Glückwünschen und Wasserschwällen. Abends erstrahlt dann der Himmel von Feuerwerkskörpern. Als während der Kulturrevolution der Buddhismus in all seinen Manifestationen verboten war, wurde natürlich auch das Wasserfest zum Aberglauben erklärt und abgeschafft.

Die landwirtschaftliche Produktionsbrigade, der man mich zugewiesen hatte, war Teil einer großen Volkskommune. Es gab im Dorf nur ein paar sehr alte Häuser aus Stein, der Rest bestand aus eilig zusammengeklatschten Lehm- und Strohhütten, die kilometerweit verstreut standen. Die meisten hier hausenden Menschen, von uns Neuankömmlingen ›Alte Arbeiter‹ gerufen, waren Bauern aus der Gegend oder stammten aus Nachbarprovinzen. Inzwischen baute man in diesem vom tibetischen Hochplateau windgeschützten, regenreichen Gebiet, wo es außer Regen- und Trockenzeit keine kalte Jahreszeit gibt, kaum noch Nahrungsmittel an, sondern fast ausschließlich die hier ausgezeichnet gedeihenden Kautschukbäume. Die Zentralregierung hatte in den fünfziger Jahren riesige Plantagen anlegen lassen, um den Bedarf an diesem Rohstoff zu decken; infolge des Grenzkonflikts mit der UdSSR 1969 und der erhöhten Kriegsgefahr stieg der Bedarf an diesem strategisch wichtigen Material erneut und man intensivierte die Bemühungen um den Kautschukanbau. Für weite Teile der subtropischen Regenwälder der Provinz Yunnan, die Jahrtausende unbeschadet überstanden hatten, wurde dies zum Verhängnis. Bereits nach zehn Jahren war das grüne Siedlungsgebiet des Dai-Volkes fast vollständig zerstört.

Mit einigen Kameraden lebte ich am äußersten Rand dieses riesigen Anbaugebietes, wodurch sich die Zeit, die ein Brief bis nach Peking brauchte, auf mehr als zwanzig Tage verlängerte. Den weiten Weg nach Jinghong konnte man nur mit Traktoren zurücklegen, aber auch das dauerte immer noch fast einen halben Tag, und wir kamen nur zu ganz besonderen Anlässen dorthin. Als Willkommensgeschenk erhielt jeder neben »Mao Zedongs Ausgewählten Werken« vom Brigadeleiter noch eine Hacke und ein Buschmesser. Unsere Aufgabe war sehr simpel und bestand kurz gesagt darin, die dichtbewaldeten Berge zu besteigen und alles, was uns vor die Augen kam, niederzumachen, seien es nun riesige Bäume oder zarte Gräser. Auch die Griffe unserer Werkzeuge kamen ursprünglich aus diesen Bergen. In den ersten Wochen waren sie noch elfenbeinweiß und ihre Splitter steckten uns tief in den Handflächen; bald schon wurden sie glatter und glichen dem Fell der Marder in den Bergen. Doch damit war meist auch der Moment gekommen, an dem sie zerbrachen und durch neue ersetzt werden mußten und sich das ganze Spiel mit neuen Griffen wiederholte. Anfangs hatten wir durch diese ungewohnte Arbeit von Blasen und Wunden übersäte Handflächen, und einmal erschreckte ein aus den Bergen kommender Kamerad alle Leute auf seinem Weg mit seinen blutigen Händen; sie vermuteten, er habe einen Mord begangen. Nach einigen Tagen waren seine Wunden verheilt und verhornt, doch durch die Hornschicht konnte man immer noch unzählige Holzsplitter erkennen, wie Einschlüsse in einem Stück Bernstein. Bei vielen heilten die Verletzungen nicht so schnell, sondern fingen an zu eitern. Trotzdem mußte weitergearbeitet werden, und die Griffe fraßen sich ins Fleisch ein und rissen ganze Stücke heraus. Nach einer gewissen Zeit hatten wir uns daran gewöhnt, barfuß durch die Wälder zu streifen und unsere Zigaretten mit glühenden Holzkohlestücken anzuzünden, die wir, ohne mit der Wimper zu zucken, in die Hand nehmen konnten.

Unsere Mahlzeiten, die meist nur aus zusammengekochtem Reis mit Mais bestanden, nahmen wir gemeinsam in einer Küchenhütte ein. Anfänglich warfen wir noch den Hühnern ein paar Körner zu, doch schon bald plagte uns der Hunger so sehr, daß wir von unseren Rationen nicht mehr satt wurden, die Hühner stahlen und heimlich brieten. Weil kaum noch Gemüse angebaut wurde, kam auch kaum Grünzeug auf den Tisch, und Fleisch gab es offiziell überhaupt nicht mehr. Die Suppe, die man uns vorsetzte, nannten wir ›Glassuppe‹, denn sie bestand nur aus kochendem Salzwasser, in dem ein paar Schnittlauchschnipsel schwammen. Als Delikatesse galt es, wenn wir etwas Sojasoße aus einem Freßpaket von Daheim hatten, die wir unter den Reis mischten; noch seltener waren die Gelegenheiten, an denen wir sogar ein Stück gepökelten Schweinespeck genießen konnten.

Einmal wurden ein Freund und ich von einem wilden Bienenschwarm angegriffen und völlig zerstochen. Zum Ausgleich für unsere verschwollenen Gesichter gelang es uns, ziemlich viel Honig aus ihrem Stock zu entwenden, den wir trotz unserer Schmerzen noch an Ort und Stelle verzehrten, wobei wir dauernd das daruntergemischte Wachs ausspucken mußten. Wir hatten kaum die Hälfte gegessen, da wurde mir vor Schmerzen und vom Insektengift ganz flau. Ich rannte in die Küche, um etwas zu trinken, bekam dann aber hohes Fieber und kotzte die ganze Nacht. Von dem Honig hatten wir fast noch drei Pfund übrig. Wenn ich später Zeitungsartikel las, die unsere Ära als »das honigsüße Leben« beschrieben, konnte ich diese Bezeichnung seither bestens nachvollziehen.

Die dichten, von unzähligen Arten giftiger Insekten bevölkerten Wälder Yunnans galten schon seit jeher als Infektionsgebiete für Malaria und andere Krankheiten. Wir Städter aus dem Norden waren in dem feucht-heißen Klima dafür besonders anfällig und wurden auch oft von Hautausschlägen befallen. Sie machten sich zunächst meist durch Rötung und Jucken bemerkbar, bis sich schließlich dicke Eiterbeulen bildeten. Zunächst vermuteten wir in diesen Erscheinungen die Folgen besonders arger Moskitostiche, derer wir uns nächtelang vergeblich mit im Munde gehaltenen Taschenlampen zu erwehren suchten. Von überallher aus den offenen Hütten hörte ich in schlaflosen Nächten das verzweifelte Umsichschlagen und -klatschen der Kameraden, was mich immer an den Applaus am Ende der Theatervorstellungen erinnerte, die ich früher oft mit meinen Eltern in Peking besucht hatte. Einmal begriff jemand die Komik dieser Situation und brach in schallendes Gelächter aus, in das bald alle anderen Jugendlichen einfielen und die nächtliche Stille plötzlich mit einem für die Bauern unerklärlichen Lärm erfüllten. Erst viel später kapierten wir, daß die Ausschläge nichts mit den Moskitos zu tun hatten und rieben die Haut mit Salbe ein. Mit unseren Salbenverbänden glichen wir siegreichen Heroen, und mit unseren kurzen Hosen und nackten, kaum vernarbten Oberkörpern den Leoparden, die durch die Wälder streifen.

Unser Leben in Yunnan drehte sich hauptsächlich um den Bambus, besonders wenn neue Hütten gebaut werden sollten. Nur in der Regenzeit geschlagener Bambus ist hochwertig, während er in der Trockenzeit leicht von Insekten befallen und damit unbrauchbar wird. Ein Bambusstamm mußte mit einem einzigen Hieb zu Fall gebracht werden, was nicht ganz einfach war. Anschließend befreiten wir die Stämme vom Laubwerk und schafften sie zu Tal, wo sie aufgeschnitten und beim Hüttenbau verwendet wurden. Auch Schlafunterlagen und mit Bananenblättern ausgelegte Reistöpfe wurden aus Bambus gefertigt. Wer weiß, wie oft es passierte, daß jemand blutüberströmt und mit kreidebleichem Gesicht den Berg heruntergerannt kam. Wir wußten dann sofort Bescheid und desinfizierten die Wunden mit Asche. Nach meiner Rückkehr dienten mir solche Narben häufig als Beweise meiner Heldentaten, mit denen ich vor den Pekinger Schönen angab.

Nachts konnte ich von meinem Bett aus durch die lückenhaften Wände die Sterne funkeln sehen. Tierlaute drangen aus dem Urwald an mein Ohr, und ich weinte, während ich von längst vergangenen Zeiten träumte und das Tageslicht herbeisehnte, zutiefst deprimiert. Erst in der morgendlichen Hektik zerstreuten sich diese Gefühle wieder. In Yunnan begann ich zu rauchen und lernte, wie man eine brennende Zigarette mit der Zunge über die Spitze umwendet, die heiße Asche im Mund abstreift und anschließend ausspuckt. Nach Abzug der Essenmarken hatte man vom monatlichen Lohn noch etwa zwanzig Yuan auf der Hand, das reichte für fünf Stangen Zigaretten der besseren Sorte, an die freilich nur schwer heranzukommen war. Als Mutter bei meinem ersten Heimaturlaub meine zerschundenen Hände sah, fing sie an zu weinen. Bei der Abreise schrieben Freunde mir ein Puschkin-Gedicht in mein Notizbuch: »Sag nicht, die Rose sei bereits verblüht. Zeig uns die Lilien, die erst noch erblühn.« Ich bedankte mich artig, brachte es aber nicht übers Herz, ihnen zu sagen, daß mein Leben mit Rosen und Lilien nicht das Geringste zu tun hatte.

Nach uns trafen noch viele weitere Gruppen ›Jugendlicher mit Schulbildung‹ aus Großstädten wie Shanghai, Kunming oder Chongqing ein, mit denen ich fortan mein Schicksal teilte. Viele von ihnen hatten eben erst die Grundschule absolviert und konnten kaum älter als fünfzehn oder sechzehn Jahre sein. Wir begrüßten die Neuankömmlinge immer gemeinsam, und jedesmal fielen Sätze über unsere »wichtige Aufgabe beim Aufbau der Grenzgebiete und ihrer Sicherung vor feindlichen Invasoren«. Auch sie erhielten Mao Zedongs Werke, eine Hacke und ein Buschmesser als Willkommensgeschenke. Leider wurden mit dem Zuwachs der Belegschaft auch die sonntäglichen Schlangen vor der Reismehlausgabe immer länger und die Rationen immer karger. Zwei Monate vor mir war auch eine Mädchengruppe aus einer Pekinger Mittelschule eingetroffen, die genau wie wir Jungen ihre Arbeit in den Bergen verrichten mußte. Hübsch waren sie nicht, dafür jung. Und es waren zumindest weibliche Wesen, die die Tage der Männer angenehmer gestalteten; besonders den Junggesellen ließen sie auch außerhalb der Mahlzeiten das Wasser im Mund zusammenlaufen.

Mit einigen der Mädchen, die aus ähnlichen Verhältnissen stammten wie ich und somit ähnliche Probleme hatten, schloß ich Freundschaft. Mit der eigensinnigen und sehr ausgeglichen wirkenden Wei jedoch wurde ich nie so recht warm. Sie war keine Schönheit und wirkte mit ihrem kurzgeschorenen Haar fast männlich. Ein einziges Mal saß ich während einer politischen Schulungssitzung neben ihr und bemerkte ihre gedankenverlorenen Augen, in denen sich die grünen Berge am Horizont widerspiegelten. Einige Monate später verfiel die Siebzehnjährige dem Wahnsinn, obwohl viele behaupteten, es sei alles nur Schauspielerei. Eine Kameradin hatte neben ihrer Schlafstelle ein Photo des Vorsitzenden Mao Zedong gefunden, das verkritzelt und zerrissen war, was ihr eine Denunziation eintrug und die ärztliche Diagnose ›Geisteskrankheit‹, denn Wei war zuvor schon einmal in psychiatrischer Behandlung gewesen. Ihre Reaktion auf die Anschuldigungen gab jedoch keinen Aufschluß über die wahren Hintergründe: Ungerührt und ohne Anzeichen von Reue gab sie alles zu und sagte, daß sie niemanden auf der Welt mehr liebe als ihren Vater. Doch Mao habe ihn in ein Umerziehungslager geschickt, wofür sie ihn ewig hassen werde. Das rechtfertigte zwei gegensätzliche Auffassungen: »Verrückte sind gar nicht in der Lage, sich dermaßen hellsichtig auszudrücken!« oder: »Nur Verrückte würden es wagen, dermaßen unüberlegt daherzureden!« Beides stimmte: »Hältst du ihre Worte etwa für besonders clever?« oder: »Du redest bloß nicht so, weil du dich nicht traust.« So oder ähnlich lauteten die meisten Reaktionen.

Den Polizisten war es völlig egal, ob Wei verrückt war oder nicht. Sie wurde verhaftet, vor ein Tribunal gestellt und wegen ›aktiver Konterrevolution‹ zu drei Jahren Zwangsarbeit verurteilt. Das hatte zur Folge, daß sie von einem Tag auf den anderen keinen Fürsprecher mehr fand; sogar der Arzt nahm seine ursprüngliche Diagnose zurück und attestierte ihr ausgezeichnete geistige Gesundheit. Nach einer Reihe von ›Kampfsitzungen‹ mit den üblichen Beschimpfungen und Folterungen wurde sie schließlich in eine kleine Hütte gesperrt. Schon bald ließ das Interesse an der Konterrevolutionärin Wei und ihrer Lebensgeschichte nach und sie geriet in Vergessenheit. Es gab einfach zu viele von solchen Fällen. Als sie im Verlauf ihrer Haft dann tatsächlich dem Wahnsinn verfiel, konnte sich kaum noch jemand an die Gründe für ihre Inhaftierung erinnern.

Bei unserer Ankunft war die Gegend um Jinghong noch ein weitgehend unberührtes Regenwaldgebiet. Besonders während der winterlichen Trockenzeit verhüllten dichte Nebelschwaden die Berge und legten sich wie ein Vorhang über die Wälder. Wenn wir uns in den frühen Morgenstunden auf den Weg in die Berge machten, erschien uns der Weg durch die sich nur langsam auflösenden Nebelbänke wie ein Gang durch eine Märchenwelt, in der Himmel und Berge zu einer Einheit verschmolzen. Mich versetzte dieser Anblick immer wieder in unbeschreibliche Euphorie, die jedoch ebenso schnell verschwand und von einem erbärmlichen Gefühl der Leere gefolgt wurde. An unserem Ziel angekommen, entfachten wir im Nebel mühsam ein kleines Feuer, um dessen Flammen sofort unzählige Wassertröpfchen herumsprangen. Oft kam nach solchen Nebelnächten aber auch schon sehr bald die Sonne zum Vorschein und ein strahlender Morgen bahnte sich seinen Weg über die Berge, die in solchen Momenten schön wie am ersten Schöpfungstag erschienen.

Die Regenzeit im Sommer brachte alljährlich heftige Gewitter, die unvermittelt hereinbrachen und endeten; noch bevor wir uns in unsere Hütten flüchten konnten, hatten die Wolken sich schon wieder verzogen und die Sonne knallte erneut vom Himmel. Die Landschaft prunkte dann mit unzähligen changierenden Grüntönen, ganze Schwärme bunter Schmetterlinge tanzten über großen Wasserlachen, in denen sich ein Regenbogen spiegelte. Die Sonne schien, von weiteren Gewittern zeitweilig vertrieben, bis in die späten Abendstunden, um dann langsam hinter den Bergen zu verschwinden. Für mich waren es die friedlichsten Momente, wenn ich vor meiner Hütte sitzen und beim Anblick der wandernden Schatten vor mich hinträumen konnte.

Die Arbeit in den Bergen war sehr anstrengend. Immer mußte man sein Buschmesser dabei haben, um sich der Schlingpflanzen und der im hohen Gras lauernden Schlangen zu erwehren. In den verfaulten Wurzeln des Bambus lebten Scharen hochgiftiger Skorpione, die uns sehr gefährlich werden konnten, wenn wir nicht achtgaben. Dennoch faszinierten mich diese riesigen, dunkelroten Viecher, wie sie in Reih und Glied durch den Urwald marschierten. Weniger faszinierend fand ich dagegen die Blutegel, die uns tiefe Wunden rissen, die manchmal gar nicht mehr zu bluten aufhören wollten. Der Erfolg des Bäumefällens hing wesentlich davon ab, ob man die geeignete Stelle für den ersten Schlag traf. Harte Hölzer wie das der Pistazien verursachten beim Schlagen einen heftigen Schmerz in der Hand; solche Bäume fielen erst, wenn man sie tief eingekerbt hatte. Dagegen erschrak ich jedesmal aufs Neue, wenn der weiche Stamm eines Drachenblutbaumes, von einem unachtsamen Hieb getroffen, in sich zusammensank und seinen blutroten Saft auf meinen Arm spritzte.

Baum für Baum wuchs mein Selbstvertrauen, ich fühlte mich in dieser erlernten körperlichen Tätigkeit bestätigt, und sie wurde mir zur Selbstverständlichkeit. Nach hundert-, ja tausendfacher Wiederholung der immer gleichen Bewegung war meine Armmuskulatur nicht wiederzuerkennen. Überhaupt bekam das Physische durch die Arbeit einen ganz anderen Stellenwert, es verhalf mir auch psychisch zu einer nie gekannten Energie. Einige der Schatten, die mein bisheriges Leben begleitet und verdüstert hatten, verschwanden ein für allemal. Es war ein Gefühl wie nach einer überstandenen Krankheit, ich fühlte mich plötzlich frei und ausgeglichen und hatte eine Ruhe in mir, mit der ich mich über alle Härten und Unwägbarkeiten meines Lebens in Yunnan hinwegsetzen konnte. Das war wohl jener Moment, den jeder Mensch zur Reife benötigt. Mein Selbstvertrauen glich dem Gefühl, das ich als kleiner Junge beim Basketballspiel hatte, als ich nach einem Korbwurf feststellte, daß ich eins mit dem Ball geworden war und ihn beherrschte. Mit diesem neuen Selbstvertrauen hatte ich zugleich endgültig mein ewig ungestilltes Bedürfnis nach Anerkennung und Bestätigung durch die Gesellschaft abgelegt, das meine gesamte Kindheit bestimmte.

Oft ließ ich mich zu kleinen Pausen auf einem der Stümpfe der von mir geschlagenen Bäume nieder, wo mir eine gelegentlich auffrischende Brise den Schweiß trocknete, und sog den Rauch meiner Zigarette in tiefen Zügen ein. Ich erfreute mich an dem weiten Ausblick über die unberührte Landschaft und beobachtete das Spiel von Licht und Schatten der Wolken, die über die Baumwipfel der sich bis zum Horizont erstreckenden grünen Berge hinweghuschten. Dabei fühlte ich, wie ich ein Teil der Natur wurde und in ihr, die so unzählig viele Lebewesen in sich birgt, aufging, ohne daß ich die letzte Distanz zu ihr überwinden konnte. Ich erkannte, daß ich in ihr einen großen Freund gefunden hatte, doch ging es dabei nicht ums Reden, sondern ums Hineinlauschen und genaue Hinschauen. Sie liebte mich nicht abgöttisch, sie gab mir nur Hinweise. Auf dieser Welt haben weder Leben noch Tod die Oberhand, beide existieren nur gemeinsam und sind untrennbar miteinander verbunden wie in jenem riesigen alten Baum, aus dessen Fäulnis schon wieder frisches Grün hervorknospte. In solchen Bildern von Tod und neuem Leben zeigte sich mir der tiefere Sinn der Natur, der nicht im Erreichen eines bestimmten Ziels, sondern im Prozeß des »Stirb und Werde« liegt. Unendlichkeit entsteht allein durch diese ständige Wiederkehr von Werden, Vergehen und Wiedergeburt des alten, doch niemals gleichen Lebens. Im Gegensatz zu diesen Gesetzen der Natur glich die menschliche Gesellschaft, die sich am Fuße dieser Berge eingenistet hatte, mit ihrer selbsterschaffenen Wahrheit, ihrer Moral und ihren Ordnungsprinzipien, die sich nicht an der Natur orientierten, sondern sie verleugneten und sie als Feind bekämpften, blaß wie die Gräten eines Fisches, abstrakt, unfruchtbar und widersinnig. Wann immer ich mich in einem kleinen Fluß in der Nähe eines Dorfes wusch und Fische um meine wunden Beine strichen, fühlte ich mich getröstet, und erst, als ich in den Bergen beobachtete, wie Mimosen sich auf meine Berührung hin zusammenzogen, verstand ich, was der von uns Menschen so gern im Munde geführte Begriff ›Würde‹ eigentlich bedeutet. Ein im Fluß treibendes Blatt, das ebenso verzweifelt wie erfolglos versuchte, gegen den Strom zu schwimmen, ließ mich verstehen, was ›Schicksal‹ ist. Sofern es für Menschen überhaupt einen Ort der Reue und des Trostes gibt, wurden die Berge damals für mich zu einem solchen Ort. Einen Großteil meiner Zeit im grünen Laubschatten verbringend, dachte ich hier erstmals zurück: an die Leiden meines Vaters, an meine kranke Mutter und meine kleine Schwester, an Kameraden und Freunde, an meine Vorlieben und Abneigungen, an erlittene und ausgeteilte Beleidigungen. In der Einsamkeit der Berge ließ ich meiner Trauer freien Lauf und schluchzte hemmungslos. Die Natur nahm sich meiner Gefühle an, Ruhe kehrte in mein Herz ein und beantwortete die Fragen »Wer bin ich? Bin ich mit meiner Existenz zufrieden?«. Langsam hatte ich ihren Ernst begriffen und stieg wieder hinunter.

Ein paarmal noch begegnete ich Wei. Ihre Kleidung war zerlumpt und bedeckte ihren Körper nur noch notdürftig, das spärlich nachgewachsene Haar hing ihr wirr ums schmutzige Gesicht, und sie lachte mich irr an. Sie streifte in den Bergen umher, im Arm vertrocknete Bananenblätter, aß nicht mehr mit uns in der Kantine, hauste nur noch in ihrer windschiefen Hütte, durch die der Regen drang, und bewachte eine Holzkiste, die ihr als einziges geblieben war. Nachts schrie sie markerschütternd.

Ich bin sicher, daß die aufs Land verschickten ›Jugendlichen mit Schulbildung‹, ob sie es nun wahrhaben wollen oder nicht, Erfahrungen gemacht haben, deren Einfluß auf die Psyche kaum hoch genug einzuschätzen ist. Ihre Großmut vergalten wir der Natur mit Zerstörung, als auf den Befehl des Jahres 1968 hin immer mehr ›Jugendliche mit Schulbildung‹ aufs Land strömten und rücksichtslos abholzten, was hinterher mehr aus politischen denn aus ökonomischen Gründen mit Kautschukbäumen wieder aufgeforstet werden mußte. Tag für Tag stiegen einige Zehntausend Schülerinnen und Schüler in die Berge, um eine Fläche von mehreren Hundert Quadratkilometern kahlzuschlagen. Es war ein Massaker, und es traf hundertjährige Bäume wie junge Triebe gleichermaßen. Weithin hörte man das Geräusch der Wurzelsprengungen, doch Bienen, die zu Millionen ihre Stöcke verloren, übten grausame Rache an den Invasoren: Einer meiner Kameraden, von einem Schwarm angegriffen, flüchtete sich vom Berg hinunter in einen Fluß und wurde zu Tode gestochen, als er zum Luftschnappen auftauchen mußte. Mit zahllosen Bienen fand er sein nasses Grab in den Fluten. Bei aller Milde und allem Wohlwollen zeigte die Natur uns andererseits ihre Härte gegen jeden Versuch, ihre Gesetze zu brechen. Die kahlgeschlagenen Hänge, auf denen die gefällten Stämme wüst durcheinanderlagen, boten den Anblick eines Schlachtfeldes. Trauer und Verzweiflung machten sich in mir breit. Nach nur einer Trockenzeit waren schon einige Hundert Hänge jeden Grüns beraubt, unzählige dürre Blätter blieben zurück.

Ich erinnere mich noch sehr gut, wie sich einmal das ganze Dorf am Abflammen eines Berges beteiligte. Wir kamen vom Berg hinunter und versammelten uns am Dorfeingang, wo es zur Feier dieses Tages der ›Entscheidungsschlacht‹ ein Festessen mit Alkohol gab. Den ganzen Nachmittag über hieß es in Lautsprecherdurchsagen, daß bei Sonnenuntergang gegen sechs Uhr der Befehl zum Feuerlegen erteilt würde. Wir kippten einige Schnäpse und gingen vors Tor, um das Ereignis mitzuerleben. Der Schriftsteller Zhong Acheng hat eine ähnliche Szene in seiner Erzählung »Der Baumkönig« so beschrieben:

»Kurz vor Sonnenuntergang standen alle vor ihren Katen. Der Brigadeleiter und einige ältere Arbeiter zündeten Fackeln an, liefen am Fuße des Berges entlang und legten alle drei Meter Feuer. Im Nu bildete sich dort ein Feuerstreifen, dessen Prasseln bis zur Siedlung herüberdrang. Plötzlich kam Wind auf. Ich wandte mich um. Die Sonne war hinter dem Berggipfel untergegangen, nur der Horizont leuchtete noch. Als der Wind blies, raste der Feuerstreifen den Berg hinauf. Je größer das Feuer unten am Berg wurde, desto dunkler wurde der Gipfel. Wir bangten um die Bäume, die dort in aller Ruhe lagen … Plötzlich ein mächtiger Donnerschlag, gefolgt von einem zischenden Pfeifen, ein Funkenkreis bildete sich und zerfiel wieder. Ein großer Baum war brennend in die Luft gestiegen und über den halben Himmel geflogen, Milliarden Funken hinter sich herziehend, hatte sich überschlagen und war wieder herabgesunken, in unzählige Fackeln zerstiebend, von denen die größeren herabfielen, während die kleineren über eine riesige Fläche wieder aufstiegen, lange Zeit immer wieder aufwallend, um dann langsam herabzusinken … Inzwischen hatte das Feuer die Bergspitze abgeriegelt, die Feuer von beiden Seiten hatten sich vereinigt. Die Flammen schlugen Hunderte Meter hoch, man mußte steil in die Höhe schauen, um sie zu sehen. Jetzt begriff ich, daß ich noch nie wirklich Feuer gesehen hatte und erst recht nicht wußte, was Neugeburt ist. Der ganze Berg brodelte. Zehntausende großer Bäume lösten sich in Flammen von der Erde und stiegen in die Höhe. Und gerade, wenn man dachte, sie würden davonfliegen, taumelten sie wieder herab, stießen sich in der Luft gegenseitig an und zerbarsten, stiegen wieder auf, hoch und immer höher, wehten wieder herab, stiegen auf und stiegen wieder und wieder. Die heiße Luft bedrängte uns von allen Seiten. Plötzlich richteten sich meine Haare auf, ich wagte nicht, sie glattzustreichen aus Angst, sie könnten abbrechen und in die Luft stieben. Der brandwunde Berg stieß seltsame Schreie aus, das ganze Weltall war aufgestört.«

Als ich am Morgen nach der Feuersbrunst aus meiner Hütte kam und mich schlaftrunken reckte, erstarrte ich in meiner Bewegung. Die Welt hatte sich vollkommen verwandelt: Es war windstill, der tiefblaue Himmel blankgeputzt und wolkenlos, die Bergrücken schienen geschrumpft und erstreckten sich bis zum Horizont unter einem nachtschwarzen Leichengewand, nur ab und an ein verkohlter Baumstumpf; wie hinter einem Theatervorhang regte sich nichts. Die Sonne schien wunderbar, kein Nebel mehr, der gezeichnete Patient war ruhig.

Mit unseren Hacken bewaffnet, stiegen wir wieder hinauf. Der Boden war noch warm und fühlte sich an wie die Haut eines kross gebratenen Hühnchens, wir bewegten uns nur sehr vorsichtig aus Furcht, er könne unter uns nachgeben. Unsere Aufgabe bestand nun darin, Terrassen anzulegen und achtzig mal achtzig Zentimeter große Löcher für die Kautschuksetzlinge auszuheben. Dabei stießen wir erst tief unter der Erdoberfläche wieder auf unversehrte rote Tonerde. Dann pflanzten wir unsere Setzlinge, als wollten wir eine sezierte Brandleiche auch noch mit Reißnägeln spicken. So befolgten wir die Anweisungen Mao Zedongs und beseitigten die »Fäulnis« sogar aus einem jahrtausendealten Urwald, unterzogen die Natur einer »revolutionären Umwandlung«. Ihr Kreislauf wurde mit Gewalt unterbrochen, eine natürliche Befruchtung fand nicht mehr statt, und die Rache folgte auf dem Fuße. Bald berichteten die ersten Hiobsbotschaften von unerklärlichen Stürmen und nie zuvor erlebten Kälteeinbrüchen, denen zahllose Kautschuksetzlinge zum Opfer fielen.

Wei war inzwischen vollends verrückt geworden. Sie ging oft allein in die Berge und saß danach vor ihrer Strohhütte auf der Erde, den immer weniger bekleideten Leib in dörrendes Sonnenlicht getaucht. An ihre Holzkiste gelehnt, nagte sie an Blättern und Strünken von

Zwergbananen. Noch immer gehörte sie unserer Produktionsbrigade an und erhielt regelmäßig ihren Lohn, doch der ängstliche Zahlmeister warf ihr das Geld immer nur vor die Hütte. Dort stibitzten es die Kinder, die sich davon Süßigkeiten kauften. Auch sonst war ihr alles Brauchbare, was sie nicht am Leib trug, inzwischen gestohlen worden. Anfangs waren die Leute bei ihrem nächtlichen Geschrei noch aufgestanden, um nach dem Rechten zu sehen oder sie, wenn man es zu nervtötend fand, einfach zu fesseln und zu schlagen, um sie ruhigzustellen. Später hatte man sich daran gewöhnt und kümmerte sich nicht weiter darum.

Als die Berge noch grün waren, traf ein mit mir etwa gleichaltriger ›Jugendlicher mit Schulbildung‹ aus Peking ein. Wir gingen oft miteinander spazieren und freundeten uns an. Jeden Sonntagmorgen spielte er im Hof vor unseren Hütten für uns auf seinem Akkordeon. Mit gesenktem Kopf auf einem Holzschemel hockend, sah es zunächst so aus, als sei er schon wieder eingeschlafen, noch bevor es überhaupt losging, doch plötzlich wirbelten seine Finger über die Tasten. Mit Stücken wie »Kuckuckspolka«, »Die Lerche« oder »Auf den Wellen« lockte er Menschen wie Vögel an, die mit ihrem Gesang einfielen. Nur einer unter den Zuhörern, ein Freund von mir, hatte wohl ein tieferes Verständnis für diese Musik, denn seine Freundin hatte ihn gerade sitzengelassen. Schon kurz nach meiner Ankunft war mir dieser Junge aufgefallen, der ewig mit seiner Freundin zusammenhing und gemeinsam mit ihr bis spät in die Nacht revolutionäre Lieder auf der Violine zum Besten gab. Anschließend verbeugten sie sich dankbar lächelnd vor dem klatschenden Publikum. Diese Freundin war in die Provinzhauptstadt Kunming gezogen und ließ ihn schnöde zurück; sie gehörte nun nicht mehr dazu. Er kam ursprünglich aus Shanghai, hatte aber die meiste Zeit seines Lebens in Peking verbracht. Auffällig an ihm waren seine Blässe und die mädchenhafte Statur, die wie sein kindlich-schlaffer Händedruck auf eine anfällige Konstitution hinwiesen; doch seine Augen funkelten selbstbewußt. Zunächst bekam er einen heftigen Husten, bald schon spuckte er Blut, und dann ließ seine Nierenfunktion nach. Er konnte nicht mehr mit voller Kraft in den Bergen arbeiten, was wiederum den Brigadeleiter zu einer Kritik an seinen schwachen Arbeitsleistungen veranlaßte, die er auf den ›bourgeoisen Familienhintergrund‹ des Jungen zurückführte.

In den Wochen nach der Abreise seiner Freundin sah ich ihn oft in der Abenddämmerung auf der Dorfstraße rastlos hin und her laufen und immer an derselben Stelle umkehren. Immer wieder, bis die Sonne endgültig verschwunden war, blieb er unvermittelt stehen, streckte die Arme in den glutroten Himmel, und gab das Bild des Gekreuzigten ab. Da hieß es bald, im Dorf gibt's wieder einen Verrückten mehr. Eines Abends, als er noch unter tiefschwarzem Himmel so daherlief, konnte ich meine Neugier nicht mehr bezwingen und fragte ihn, was er da eigentlich mache. Er starrte mich einen Moment lang an und sagte dann, wie aus einer fernen Traumwelt zurückkehrend, er hoffe, von einem Traktor überfahren zu werden. Ich wollte wissen, ob sein Todeswunsch mit der Abreise seiner Freundin zu tun habe, worauf er mit einem Hustenanfall reagierte und, sich mit der Faust auf die Brust klopfend, schließlich sagte: »Nicht ganz.« Vielmehr sei seine und die Häßlichkeit der Menschen der Hauptgrund. Ich begriff sofort, daß es die Natur war, vor der sich die Abscheulichkeit der Menschen so sehr abhob.

Auf jemanden, der aus den Städten mit ihrem Froschgequake der Politik kam, mußte die noch weitgehend unberührte Natur unendlich erfrischend und frei von Zwängen wirken. Dieser Kontrast läßt einen erleichtert aufatmen und ein euphorisches Gefühl entstehen. Man entwickelt Vertrauen zur Natur, die einem überdeutlich zu verstehen gibt, wie absurd unsere hochgeschätzten gesellschaftlichen Systeme im Grunde sind. Doch wir als Einzelne hatten keine Möglichkeit, uns von diesen Systemen und ihren Abhängigkeitsverhältnissen loszusagen. Es gab für uns kein Zurück in eine Zeit vor dem Chaos, und auch meinem Freund blieb nichts anderes übrig, als mit seinen Gebärden von Ratlosigkeit und Leiden zu künden. Als ich ihn so reden hörte, schoß mir durch den Kopf, daß auch Wei erst in dem Moment, als sie die Berge brennen sah, wirklich den Verstand verloren haben mußte. Stellvertretend für uns Jugendliche drückte Wei unser aller Situation aus: auf der einen Seite stand die sich beständig erneuernde Natur, die vernichtet wurde; auf der anderen Seite gab es noch ihre sorgfältig behütete Holzkiste als ein Symbol für unsere – der Menschheit – Moral und Kultur.

1972, als ich schon Soldat war, schickte man Wei in Begleitung meiner damaligen großen Liebe in psychiatrische Behandlung nach Peking. Sie schrieb mir, daß man in langen Gesprächen mit Wei herausgefunden hatte, daß sie während ihres Aufenthalts in Yunnan unzählige Male vergewaltigt worden sei. Nun begriff ich die nächtlichen Schreie und das, was ihre angeblichen Helfer dem Mädchen damals wirklich antaten. Bei diesem Gedanken liefen mir Schauer über den Rücken und ich haßte mich für meine Gleichgültigkeit, mit der ich Mitschuld trug an diesen Ereignissen. Viele Jahre später wurden Weis Schreie erneut in mir wach, als ich an einem Sommerabend mit einer amerikanischen Freundin vor dem Haus stand und die Sterne anhimmelte. Ich meinte, daß sich auf dieser Welt nicht wir selbst, sondern nur die Schatten unserer Persönlichkeiten bewegten, worauf sie mich lange ansah und schließlich erwiderte: »Meinst du, daß wir deshalb so verdüstert sind?«

Nach dem großen Feuer entdeckte ich eines Tages, als ich den Berg wieder hinabstieg, zu meiner großen Überraschung eine gelbe Blume, die in der verbrannten Erde keimte. Eines ihrer Blättchen welkte bereits, während die anderen sich gerade erst entfalteten. Ich mußte an etwas denken, worüber ich schon sehr lange ergebnislos grübelte, und wofür ich nun ganz plötzlich ein Symbol vor Augen hatte: die menschliche Natur. In den vielen Jahren seither habe ich langsam verstanden, daß die menschliche Natur neben einer schützenden Umgebung und der Befriedigung von Grundbedürfnissen zu ihrer vollen Entfaltung auch andere Dinge, wie Musik, benötigte. Uns warf man in stinkende Jauchegruben und zermalmte uns dreimal, um uns dann wie einen Leibriemen in der glühenden Sonne ausdörren zu lassen. Ich dachte auch daran, daß diese Blume vom Wind gesät worden war; ohne ihn würde nie wieder etwas auf den verkohlten Hängen gedeihen.

Ende 1970 wurde ein Sechzehnjähriger aus Shanghai von einem herabfallenden Baum erschlagen; er selbst hatte ihn gefällt. Erst auf seine schwachen Hilferufe hin fand man den Verwundeten in einem Meer von Zweigen und Blättern, konnte ihn aber lange nicht von der tonnenschweren Last auf seinem Körper befreien. Man mußte zunächst unter großen Mühen die Erde unter ihm abtragen, bevor man ihn herausziehen konnte, doch er starb noch auf dem Weg zur Sanitätsstation. Er wies kaum äußerliche Verletzungen auf, nur war sein Körper wachsbleich. Nach dem Unfall sprach die Brigadeleitung seiner Familie in Shanghai das Beileid aus und bat die Angehörigen zu kommen. Wegen der großen Hitze hatten wir die Leiche schon beigesetzt, als schließlich der Vater allein eintraf. Er war Stahlarbeiter, um die fünfzig, rundlich und mit grauem Haar. Dieser echte Proletarier zeigte keinerlei Gefühlsregung und wollte die Unfallstelle sehen. Gemeinsam stiegen wir mit ihm auf den Hang, wo der Baum, dessen Laub inzwischen verwelkt war, noch an seiner ursprünglichen Stelle lag. Keiner sagte ein Wort, als der Vater des Jungen lange reglos vor dem Baum verharrte. Dann nahm er seine Mütze ab und trat näher an den Baum heran, beugte sich über den Stamm und betastete ihn. Er wandte sich um: »Hat er diesen Baum gefällt?« Jemand bejahte die Frage, und er wiederholte mechanisch: »Hm, also er …« Er suchte mit der Hand die Stelle ab, wo sein Sohn gelegen hatte, und zog dessen bereits angerostetes Buschmesser hervor. Am Unfalltag hatte in der Aufregung niemand mehr daran gedacht und es war einfach liegengeblieben. Der Vater blickte lange nachdenklich auf das Messer, schließlich fragte er: »Wollt ihr etwa trotzdem weitermachen?« Alle riefen: »Ja!« Er wußte, daß wir unsere Aufgabe ohne Abstriche fortführen mußten, und ermahnte uns zur Vorsicht. Ich erinnere mich, daß damals alle heulten.

Wir kehrten stumm ins Dorf zurück. Die ruhige Gefaßtheit des Vaters zeigte, daß er den Tod seines Sohnes als im Bereich des Möglichen liegenden Arbeitsunfall interpretierte und ihn nicht zum Opfer der Politik machte, wie viele andere es später taten; seine Trauer trug er mit Stolz und Würde. Ich habe noch heute das Bild jenes schmächtigen Kerlchens vor Augen, der mit seinem Buschmesser durch die Wälder wirbelte und die dicksten Stämme mit kraftvollen Hieben zu Fall brachte. Er starb beim Arbeitseinsatz, also war er ein Krieger, der in der Schlacht fiel. Die vielen Literaten, die als ›Jugendliche mit Schulbildung‹ aufs Land verschickt worden waren und nach der Kulturrevolution über ihre damalige harte

Arbeit lamentierten und mit zornigen Worten eine »Narbenliteratur« kreierten, töteten, wie ich finde, in ihrer Selbstgerechtigkeit solche Menschen ein zweites Mal. Ich kapierte langsam, daß Not und Leid Teil eines jeden Chinesenlebens sind; was mich erschütterte, war eigentlich eine Stärke. Die Bauern, mit denen wir jahrelang zusammenlebten, glaubten nie an irgendein ›Paradies auf Erden‹ und hatten sich bei ihrer Arbeit auch nie darum gekümmert. Sie widmeten sich der Pflege ihrer Kautschukbäume und dem möglichen Gewinn daraus und warteten nicht, wie jene im Nachhinein von Selbstmitleid zerfressenen Jugendlichen, die sinnlose Zeit auf die Ankunft des ›Paradieses auf Erden‹ verschwendeten. Wir Jugendlichen glaubten ernsthaft, den Bauern wer weiß wie geholfen zu haben, aber kaum einer war auf die Idee gekommen, den Bauernkindern ein paar Schriftzeichen beizubringen, damit wenigstens sie, im Gegensatz zu uns, künftig etwas anderes zustandebringen könnten als nur die Berge abzubrennen. Bei alledem blieben wir bis zum Schluß Fremde und Außenseiter, und sie brachten uns weitaus mehr bei als wir ihnen. Erst die körperliche Arbeit ließ uns mehr vom Leben verstehen.

Während meiner beiden Jahre in der Produktionsbrigade in Yunnan veranstalteten wir zwar jede Menge Klamauk, doch wirklich glückliche Momente erlebte ich selten. Beispielsweise schnitzten wir zum Zeitvertreib aus frisch gefällten Bambusstämmen Wasserpfeifen und stolzierten mit ihnen, obwohl sie gar nicht so leicht zu handhaben waren, schmauchend in den Feldern umher; über das Bild, das wir so abgaben, konnten wir uns königlich amüsieren. Abends setzten wir uns oft mangels realer Delikatessen zu ›geistigen Gelagen‹ zusammen, bei denen wir uns die tollsten Leckerbissen ausmalten und sie im Geist verspeisten. Die spärlichen Briefe von zu Hause wurden immer und immer wieder gelesen, um das Heimatgefühl, das sie vermittelten, möglichst nicht wieder zu verlieren. Da unsere Familien ja auch nicht im Überfluß lebten, waren ihre noch seltener eintreffenden Pakete erst recht jedesmal ein Fest. Außerdem hegte ich damals, ganz allein in meinem Herzen, meine Liebe zu einem Mädchen, dem ich mich in der Realität nicht zu nähern wußte, ohne daß sie davon etwas ahnte.

Unser Brigadeleiter Dao war kaum älter als wir. Selbst dem kleinen Volk der Bile zugehörig, mit den typischen Zügen der Bergvölker, agierte er sehr spontan und hatte noch nie zuvor Aufseher gespielt. Seinen chinesischen Namen legte er sich vielleicht zu, weil er von klein auf geschickt mit einem Messer (dao) umgehen konnte, möglicherweise war das gewählte Schriftzeichen aber auch nur eine phonetische Anlehnung an seinen Namen in der Bile-Sprache. Dao lud mich eines Tages zu einem Essen bei sich zu Hause ein, wo er mir eine ihrer Nationalspeisen servieren wollte, für die er nach langem Suchen die notwendigen Zutaten ergattert hatte. Ich war mehr als angetan von dieser Idee, nach langer Zeit endlich mal wieder etwas richtig Gutes zwischen die Zähne zu bekommen. Als wir jedoch nach dem Händewaschen rund um die Feuerstelle Platz genommen hatten und Dao feierlich den Deckel vom Topf hob, gab es eine herbe Enttäuschung: Der Kessel war vollkommen leer, die Kinder hatten das Gericht bereits bis auf den letzten Rest verputzt. Dao lief rot an und war hocherzürnt; am liebsten hätte er seine Brut verprügelt. Doch ich brach beim Anblick des leeren Topfes in schallendes Gelächter aus, in das er schließlich einstimmte. Da die Minderheitenvölker sehr viel Wert auf die Einhaltung ihrer Versprechen legen, lud Dao mich beim Abschied erneut zum ›Nationalgericht‹ ein – dann wolle er den Topf allerdings mit einem Vorhängeschloß sichern. Bis ich wenig später in die

Armee eintrat und das Dorf verließ, ist es leider nie dazu gekommen, vielleicht fehlten die richtigen Zutaten. Noch siebzehn Jahre später, als wir uns im Herbst des Jahres 1986 wiedertrafen, weil ich in Xishuangbanna nach geeigneten Drehorten für die Außenaufnahmen meines Films »König der Kinder« suchte, kam Dao wieder auf diese Einladung zu sprechen. Ich hatte sie längst vergessen und mußte sein neues Angebot aus Zeitmangel ausschlagen und ihn auf später vertrösten, obwohl er, wie er versicherte, jetzt alle Zutaten beisammen habe. Er fragte ungläubig: »Nächstes Mal? Ja, wann denn?«

Auf dieser Reise wollte ich auch das Hüttendorf wiederfinden, das wir Jugendlichen damals errichtet hatten. Die Landschaft, die während unserer Fahrt durch Yunnan am Busfenster vorüberzog, war nicht mehr dieselbe wie früher. Überall standen Kautschukbäume, zum Teil von uns selbst gepflanzt, voller Schnittstellen, unter denen man kleine Näpfe befestigt hatte, in die der kostbare Saft hineintröpfelte. Der Urwald, einst friedlich und undurchdringlich, war für immer verschwunden. Die Häuser beiderseits der Straße wirkten schon ziemlich heruntergekommen, doch davor standen jetzt kleine Buden, an denen es Eis und Getränke gab. Scharenweise wurden die Kinder von unserem Reisebus der Marke ›Fruchtbares Feld‹ angelockt, der in dieser Gegend immer noch eine Seltenheit darstellte. Je mehr wir uns dem Ort näherten, an dem ich zwei Jahre meines Lebens verbracht hatte, desto aufgeregter wurde ich, desto wilder klopfte mein Herz. Nichts hatte sich an der Anordnung der Gebäude in dem Dörfchen seither verändert, lediglich einige ziegelgedeckte Häuser, deren weißer Anstrich schon wieder zu blättern begann und den Blick auf bemooste schwarze Ziegel freigab, waren nach einem Feuer anstelle der Strohhütten errichtet worden. Es war ein Feiertag, die Leute saßen müßig vor ihren Hütten, und wie schon vor siebzehn Jahren tummelten sich die Kinder zwischen ihren Füßen. Viele der Alten von damals mußten inzwischen gestorben sein, ihre halbwüchsigen Töchter hatten nun selber Kinder zur Welt gebracht und waren darüber verwelkt. Der Anblick dieser Kinder, die ihren Müttern wie aus dem Gesicht geschnitten schienen und heute so alt waren wie ich damals, versetzten mich ins Gestern zurück, als sei ich nie von hier fortgegangen, nie älter geworden.

Man lud mich zum Tee in die alte strohgedeckte und immer noch viel zu niedrige Küchenhütte ein. Drinnen war es dämmrig, im Licht der durch die Ritzen in den Wänden eindringenden Sonnenstrahlen sah man den Rauch des knisternden Herdfeuers aufsteigen. In einer Ecke lag ein großer Haufen goldgelber und purpurner Maiskolben, die von einigen alten Frauen noch wie früher zubereitet wurden. Der frische Tee duftete, war jedoch unglaublich bitter. Schnüffelnd streifte ein Hund durch die Hütte, glänzende Kinderaugenpaare beobachteten mich aus dem Hintergrund und verstärkten mein wohliges Gefühl der Vertrautheit noch. Dabei hatte ich mich in den vergangenen siebzehn Jahren äußerlich sehr verändert und trug sogar einen Bart, so daß ich meine Begleiter gar nicht hätte bitten müssen, meine Identität nicht zu verraten.

Nach dem Tee ging ich hinunter an den schmalen Fluß hinter dem Dorf, der mir nun viel kleiner vorkam als in meiner Erinnerung. Am Ufer harrten ein paar alte Männer reglos hinter ihren Angelruten aus. Ich setzte mich zu ihnen, konnte es bald aber vor Neugier nicht mehr aushalten und fragte einen, ob sie sich noch an mich erinnern könnten. Eine Weile blickten sie nachdenklich zu Boden, sahen mich noch einmal prüfend an, dann antwortete einer: »Du bist doch dieser Chen Kaige, oder?« Wieviel Zeit inzwischen vergangen war, konnte ich an einem Baum ablesen, der früher noch nicht dagestanden hatte, jetzt jedoch hoch aufragte und wunderschöne Blüten trug. Der Stumpf eines Baumes, den ich selber geschlagen hatte, stand immer noch, nur war seine Schnittfläche mittlerweile von unzähligen Kinderhintern glattgewetzt. Das Leben hier wird sich niemals ändern. Die Bauern werden hierbleiben und ihre Bäume pflegen und neue pflanzen, sobald die alten abgestorben sind; sobald sie selber gestorben sind, wird die nächste Generation ihre Arbeit übernehmen, und so wird sich das Leben endlos und immer gleich fortsetzen. Auf das ›Paradies auf Erden‹ wird man wohl noch eine Weile warten müssen.

Als ich vor meiner Abreise in die USA Ordnung in meine Habseligkeiten zu bringen versuchte, stieß ich auf ein altes Tagebuch, dem ich während meines Aufenthaltes in Yunnan in freien Stunden meine Gedanken und Gefühle, traurige wie erfreuliche, anvertraut hatte. Viele der Seiten waren ganz unleserlich geworden durch die Schmetterlinge, die ich unzulänglich zwischen ihnen zu trocknen versuchte, doch gerade sie riefen Erinnerungen in mir wach und das Bewußtsein, daß ich eigentlich nichts zu bereuen oder zu beklagen habe.

Im Jahr 1971 war ein Soldat in meine Hütte gekommen, wollte wissen, ob ich nicht dieser Basketballspieler sei, was ich bejahte, und hatte gefragt, ob ich nicht in die Armee eintreten wolle. Ohne Zögern erklärte ich mich dazu bereit, und schon für den nächsten Morgen wurde die Abreise anberaumt. Am Nachmittag desselben Tages kehrte mein heimlicher Schwarm von einem Familienbesuch in Peking zurück, worüber ich sehr glücklich war, denn so konnte ich sie wenigstens noch ein allerletztes Mal sehen. Doch weil ich wieder nicht wagte, mich ihr zu offenbaren, gab es auch keinen Abschied; erst acht Jahre später traf ich sie wieder.

1976 starb Mao Zedong. Viele Millionen ›Jugendlicher mit Schulbildung‹ nutzten dieses Ereignis, um wie nach einem langen Traum in die Städte zurückzukehren, als seien sie nie fortgewesen. Sie liefen durch vertraute Straßen und wußten nicht, wie ihnen geschah, als sie nun nach zehn Jahren wieder in die Heimat kamen. Sie hatten sich während dieser Zeit nur im Kreis bewegt und waren nun, stark gealtert, oft ergraut, erneut beim Ausgangspunkt angelangt. Die Vergangenheit, die Jugend, blieb auf den Feldern ferner Provinzen zurück, nun wollten sie in einen neuen Lebenskreis eintreten, von dem keiner wußte, wie er aussah und ob er zu bewältigen sei. Verloren war ein Stück ihrer Hoffnung, verloren waren auch die neuen Wurzeln, die sie in fremder Erde geschlagen hatten. Nicht wenige fühlten sich nach der übereilten Rückkehr als Außenseiter in den übervölkerten und schnell sich modernisierenden Großstädten. Und vor der Rückkehr spielten sich millionenfach im ganzen Land die gleichen Szenen ab:

Die Jugendlichen verscherbelten auf den Dörfern ihr gesamtes Hab und Gut oder warfen es fort, um nur mit leichtem Gepäck auf die Reise zu gehen und den gerade vollzogenen – erneuten – Bruch mit der Vergangenheit zu dokumentieren. Achtlos auf Dorfstraßen abgestellte Möbelstücke legten ein letztes Zeugnis von der Lebensart der ›gebildeten‹ städtischen Jugend ab. Einer meiner Freunde aus der Zeit in Yunnan erzählte mir sogar einmal, daß er in seinem soeben gekauften Kleiderschrank einen fünf- oder sechsjährigen Jungen entdeckt habe, der folgenden Zettel in Händen hielt: »Papa und Mama sind zurück in die Stadt. Ich durfte nicht mit, weil ich keine Aufenthaltserlaubnis habe. Wenn sie mich mitgenommen hätten, hätten sie auch nicht zurückgedurft. Ich bin ein braves Kind und weine bestimmt nicht.« Mein Freund ist gewiß nicht zimperlich, doch an dieser Stelle konnte er nicht weitererzählen. Er hatte dann den Jungen in den Arm genommen und war mit ihm zwischen den umherstehenden Möbeln auf und ab gegangen. Der Junge, der tatsächlich nicht weinte, blickte nur immer wieder über die Schulter in die Richtung, in die seine Eltern verschwunden waren.

Mein Mitschüler und Freund Zhang Xiaoxiang starb im Winter 1970 während seines Arbeitsaufenthaltes in der Ebene des Neng-Flusses in der nordostchinesischen Provinz Heilongjiang. Nachdem er sich damals aus seinem Versteck bei uns verabschiedet hatte, war er nicht wie vorgegeben zu seiner Freundin nach Henan gereist, sondern in den Nordosten, wo er ein Jahr bis zu seinem Tode verbrachte. Ich erfuhr davon erst fünf Jahre später. Unter meinen Sachen fand sich auch ein Briefumschlag ohne Brief, auf den ich Xiaoxiangs vermeintliche Adresse in Henan geschrieben hatte. Aus Gründen, die ich vergessen habe, wurde dieser Brief nie abgeschickt, und als ich darauf ein Datum entdeckte, das mir schlagartig bewußt machte, daß er zum Zeitpunkt meines Schreibens bereits nicht mehr am Leben war, verbrannte ich den Umschlag.

Gestorben ist er an einer Blutkrankheit, die man mit einer einzigen Spritze in den Hintern hätte kurieren können. Doch der Arzt hatte Xiaoxiang über Wochen hinweg auf einen fiebrigen grippalen Infekt hin behandelt. Einige meiner Mitschüler waren in jenen Tagen bei ihm und erzählten mir, daß er noch im Fieber von der Zeitschrift »Die Befreiung der Menschheit« phantasiert habe, die während der Kulturrevolution kurzzeitig erschienen und ihm nicht aus dem Kopf gegangen war. Die Brigadeleitung hatte Xiaoxiangs Leiche zunächst unter dem Vorwand, er sei an einer Seuche gestorben, achtlos in den verschneiten Wald geworfen. Seine Freunde fanden ihn, von der Kälte konserviert und mit leicht geöffneten Lippen, als wolle er noch etwas sagen, und beerdigten ihn notdürftig, bis im folgenden Frühjahr der Boden wieder aufgetaut war.

Die richtige Beerdigung, an der Xiaoxiangs Freunde teilnahmen, die bis zuletzt bei ihm gewesen waren und die seinen Leichnam geborgen hatten, fand erst einige Monate danach an einem Spätfrühlingsnachmittag statt. Eigenhändig schaufelten sie in einem ergrünenden Wäldchen sein Grab. Es duftete nach frischer Erde, Schwalben schossen durch das Licht der untergehenden Sonne, die allem einen leichten Schimmer verlieh. Genau in diese Szenerie war ein unbekanntes Mädchen hereingeplatzt. Auch sie sah wie eine ›Jugendliche mit Schulbildung‹ aus, aber keiner hatte sie je zuvor gesehen. Sie warf einen Strauß Feldblumen ins offene Grab und nahm, nachdem sie einen Moment davor verharrt hatte, ein Buch aus ihrer Tasche und begann daraus vorzulesen. Es war ein Gedicht über Xiaoxiang, sein Leben und ihr Sehnen. Ein paar Tränen liefen dem Mädchen über die Wangen, doch sie verlor keineswegs die Fassung, wandte sich abrupt um und verschwand im Wald. Die anderen waren so überrascht in ihrer Trauer, daß sie nicht einmal die Gelegenheit fanden, das Mädchen anzusprechen. Nie hatte Xiaoxiang von einer Freundin gesprochen, was sie in noch größeres Erstaunen versetzte und diesen Auftritt zu einem wahren Rätsel machte. Fortan fand sich an jedem Todestag ein Feldblumenstrauß auf Xiaoxiangs Grab, bis er im neunten Jahr ausblieb, was vermuten ließ, daß die Unbekannte in die Stadt zurückgekehrt war.

Als ich meinen Freund fragte, warum sie nie nach ihr geforscht hatten, sah er mich etwas erstaunt an, lachte kurz und antwortete: »Ich weiß bis heute nicht, was das für Blumen waren, die sie da ins Grab geworfen hat … Wer sie ist – was spielt das für eine Rolle? Wir, dieses Mädchen und Xiaoxiang eingeschlossen, sind doch alle eine Generation. Der einzige Unterschied ist: wir haben verloren, er ist gestorben.« Anfangs hatte ich diese acht Jahre lang aufs Grab gelegten Feldblumen immer noch für ein bewegendes Zeichen, für ein Fünkchen Menschlichkeit inmitten tiefster Dunkelheit gehalten, doch nun wurde mir schlagartig klar: Es ist wirklich belanglos, wer dieses Mädchen ist, ob sie Zhang Xiaoxiang gekannt hat oder nicht; indem sie ihm Feldblumen ans Grab brachte, hat sie unbewußt eine ganze Generation betrauert.

Der Dichter Bei Dao hat diese Epoche einmal so zusammengefaßt:

»Infam lautet das Paßwort der Infamen, Würde ist das Epitaph der Ehrwürdigen.«Ein anderer Dichter schrieb: »Mit meinen Fingern will ich das Meer in Wallung bringen, eine Welle aufrühren, die sich über den Horizont hinaus fortpflanzt. Ich möchte Sonne und Meer in Händen halten und mit den ersten Strahlen des Tages auf die Wellen schreiben: ›Ich glaube an die Zukunft!‹«

Der Dichter des zweiten Gedichts ist später verrückt geworden. Nach seiner Entlassung aus der Anstalt hat er als Pförtner in irgendeinem Forschungsinstitut gearbeitet. Seine Aufgabe bestand darin, die Tageszeitungen zu rollen und sie allen Vorübergehenden durch sein winziges Fensterchen entgegenzustrecken, die den düsteren Flur durchschritten.